MÁRIO MASCARENHAS

MÉTODO RÁPIDO PARA TOCAR TECLADO

1º VOLUME

DE OUVIDO E POR MÚSICA

COM UM DICIONÁRIO DE ACORDES CIFRADOS
PARA TECLADO E UM BELÍSSIMO REPERTÓRIO

Nº Cat.: 331-M

Irmãos Vitale Editores Ltda.
vitale.com.br
Rua Raposo Tavares, 85 São Paulo SP
CEP: 04704-110 editora@vitale.com.br Tel.: 11 5081-9499

© Copyright 1991 by Irmãos Vitale Editores Ltda. - São Paulo - Rio de Janeiro - Brasil.
Todos os direitos autorais reservados para todos os países. *All rights reserved*.

Um presente do Céu!

Não resta dúvida que o Piano é o "Rei dos Instrumentos" e que o maravilhoso Órgão é insuperável, mas como se tudo isto não bastasse, Deus ainda mandou-nos o Teclado como um presente do céu!

Mário Mascarenhas

Agradecimentos

À proprietária de "A Guitarra de Prata Instrumentos de Música Ltda.", Sra. Leila Farias e seu filho Ivan Farias, que tão gentilmente cederam o instrumento para a fotografia da capa deste livro.

Mário Mascarenhas

Ao Sr. Diretor Gerente da Yamaha Musical do Brasil LTDA, Akira Uchigaki, meus agradecimentos pela autorização do uso da marca Yamaha na foto exposta na capa deste "MÉTODO RÁPIDO PARA TOCAR TECLADO".

Mário Mascarenhas

Créditos

Editoração Eletrônica de Partituras: L. A. Produções Artísticas
Diagramação e Desenhos Computadorizados: Ana Maria Santos Peixoto
Foto da Capa: Foto Marconi
Mãos de Mário Mascarenhas na Foto da Capa
Revisão: Mário Mascarenhas

Prefácio

Atualmente, tocar Teclado é sem dúvida alguma a grande moda e é raro o lar que não tenha este pequeno e tão sonoro instrumento, esperando ser tocado.

Este método foi feito especialmente para você que já tem um Teclado, ou pretende adquirir um, e quer tocá-lo num abrir e fechar de olhos. Muitas pessoas já possuem um Teclado e ficam olhando para ele sem saber como começar a manejá-lo.

Por este método você pode estudar de Ouvido ou por Música porque as lições foram idealizadas para serem estudadas destas duas maneiras juntas.

E foi por isso, que a pedido e sugestão de muitos amigos e professores que têm alunos iniciantes, resolvi elaborar um livro como eles sonhavam.

Esta obra é exclusivamente dedicada a alunos que nada conhecem de música, mas que precisam de pequenas orientações para tocar qualquer peça.

O principiante do Teclado é como um lavrador impaciente: ele planta a semente hoje e quer colher os frutos amanhã. Assim é o estudante apressado: ele recebe a primeira aula e quer tocar uma música no dia seguinte.

Não há complicação alguma neste método. O aluno só precisa ler razoavelmente a Clave de Sol e conhecer no mínimo a duração das Figuras Musicais que são as notas e as pausas.

Estude com muito amor e perseverança este livro tão simples e fácil.

Num certo momento ele se transformará num maravilhoso e importante compêndio que lhe dará a oportunidade de realizar o seu sonho de tocar Teclado.

Mário Mascarenhas

Índice das Músicas

AQUARELA DO BRASIL - Samba - Ary Barroso	52
ASA BRANCA - Baião - Luiz Gonzaga e Humberto Teixeira	15
CAN CAN - Marcha - Jacques Offenbach	21
CARRUAGENS DE FOGO - New Age - Vangelis	43
DÓ - RÉ - MI - Marcha - Richard Rodgers e Oscar Hammerstein	34
ENTRE TAPAS E BEIJOS - Sertaneja - Nilton Lamas e Antônio Bueno	40
FASCINATION - Valsa - F. D. Marchetti	24
GREENSLEEVES - Anônimo Século XVIII	23
LA VIE EN ROSE - Canção - Louiguy e Edith Piaf	42
LOVE STORY - Canção - Francis Lay	28
LUZES DA RIBALTA (Limelight) - Valsa - Charles Chaplin	26
MEMORY - Canção - Andrew Lloyde, Trevor Num e Ti S. Eliot	46
MINHA PRIMEIRA VALSA - Valsa - Mário Mascarenhas	13
MULHER RENDEIRA - Folclore Brasileiro	19
NO RANCHO FUNDO - Samba Canção - Ary Barroso e Lamartine Babo	48
ODE À ALEGRIA - Clássico - L. Van Beethoven	14
OH! SUSANA! - Folclore Americano	16
OVER THE RAINBOW - (Sobre o Arco-Íris) - Canção - Harold Harlen	36
PENSE EM MIM - Sertaneja - Douglas Maio, José Ribeiro e Mário Soares	38
POUR ELISE - Clássico - L. Van Beethoven	50
ROMEU E JULIETA - Canção - Nino Rota	30
SUMMERTIME - Fox - George Gershwin	44
TOO YOUNG (Cedo para Amar) - Fox - letra de Sylvia Dee e música de Lippman	32
VALSA DOS PATINADORES - Valsa - Emil Waldteufel	18
VIENI SUL MAR (Oh! Minas Gerais) - Folclore Italiano	17
YESTERDAY - Canção - John Lennon e Paul McCartney	37

Apresentação do Teclado

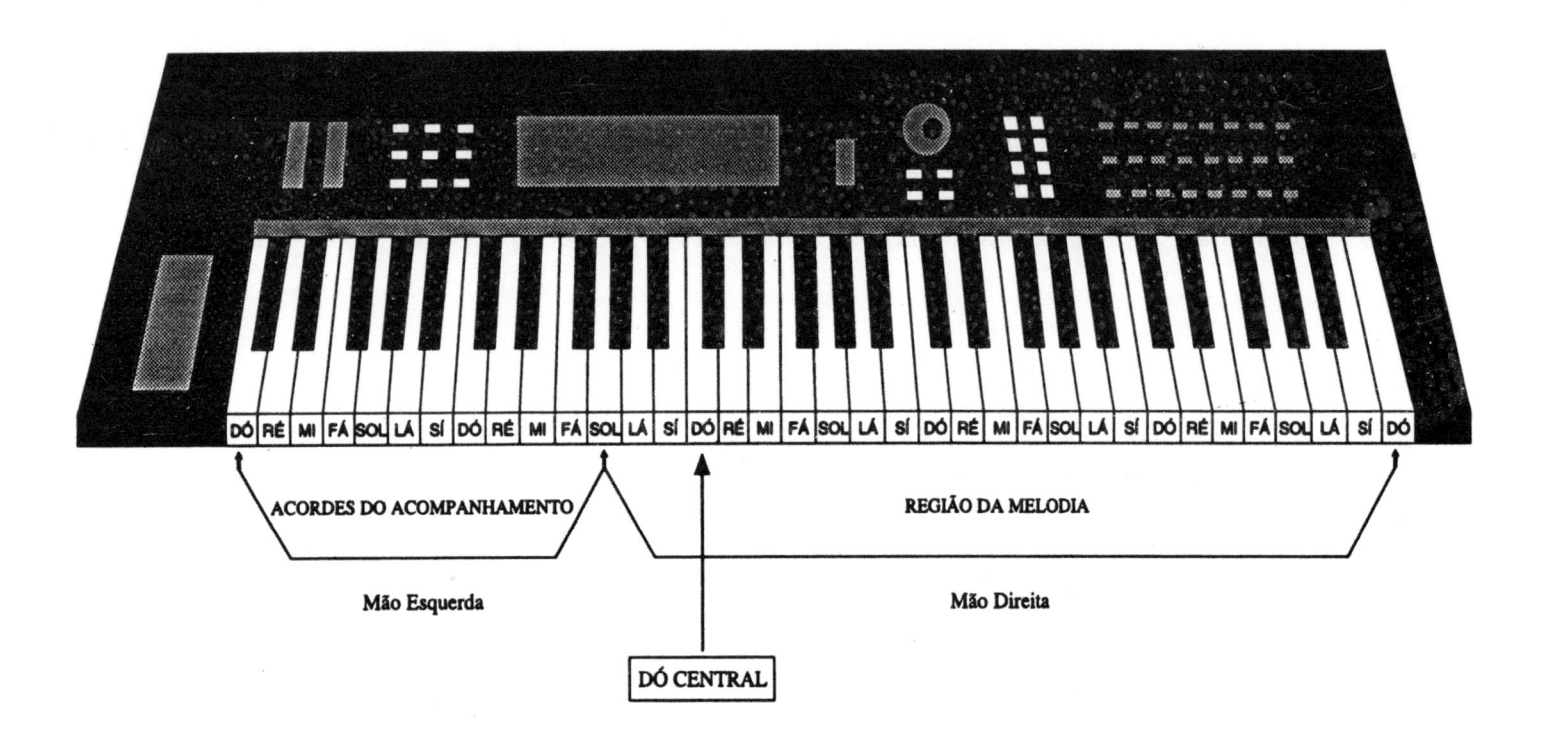

ACORDES DO ACOMPANHAMENTO — Mão Esquerda

REGIÃO DA MELODIA — Mão Direita

DÓ CENTRAL

O Teclado

O Teclado é um "órgão portátil" que se toca com as duas mãos e não possui pedaleira (baixos tocados com os pés). Em um só teclado, a mão direita executa a Melodia (representada por notas musicais) enquanto a esquerda executa a Harmonia (acordes com simbologia de cifras).

Para tocá-lo, coloca-se o instrumento sobre uma estante própria para Teclados ou sobre uma mesinha. O Teclado Portátil é chamado também de "Orgão de Colo" quando é apoiado no colo, preso por um cordão em volta do pescoço. Existem Teclados de duas, três, quatro e cinco oitavas, mas os mais usados são os de quatro ou cinco oitavas.

O Ritmo é produzido automaticamente, ligando-se o Registro de Ritmos e o Registro dos Baixos Automáticos do próprio instrumento, enquanto você toca a Melodia com a mão direita e os Acordes Parados com a esquerda, observando rigorosamente a sequência das Cifras.

Repare no desenho do teclado acima, com os nomes das notas, onde você verá a separação entre a Região dos Acordes do Acompanhamento e a Região da Melodia.

Execute os acordes e a melodia nas suas regiões certas para que não haja nenhum cruzamento de mãos, isto é, que não fique uma em cima da outra.

Por Música
Noções Elementares de Música
O que é Música?

Música - é a arte de combinar os sons.
Notação Musical - são sinais que representam a escrita musical, tais como: Pauta, Claves, Signos de Compasso, Sinais de Repetição, Acidentes, etc.
Sons Musicais - são 7: DÓ RÉ MI FÁ SOL LÁ SI, que representam as notas.

Pauta

Pauta - são cinco linhas horizontais, onde se escrevem as notas.
Estas linhas e espaços são contados de baixo para cima.

```
5ª Linha ———————————
4ª Linha ———————————  4º Espaço
3ª Linha ———————————  3º Espaço
2ª Linha ———————————  2º Espaço
1ª Linha ———————————  1º Espaço
```

As notas são escritas nas linhas e espaços.

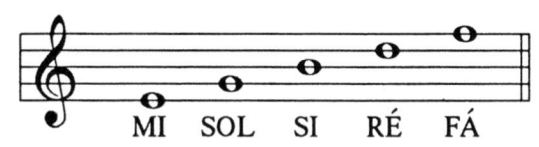

Notas nas linhas: MI SOL SI RÉ FÁ

Notas nos espaços: FÁ LÁ DÓ MI

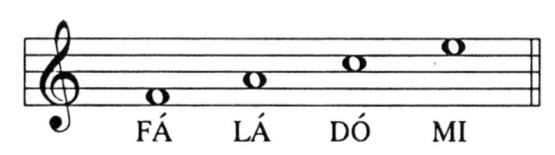

Linhas Suplementares

Quando as notas ultrapassam o limite da pauta, elas são colocadas nas Linhas Suplementares Superiores e Inferiores.

Superiores:
```
5ª Linha ———————————
4ª Linha ———————————  5º Espaço
3ª Linha ———————————  4º Espaço
2ª Linha ———————————  3º Espaço
1ª Linha ———————————  2º Espaço
                      1º Espaço
```

Pauta

Inferiores:
```
1ª Linha ———————————  1º Espaço
2ª Linha ———————————  2º Espaço
3ª Linha ———————————  3º Espaço
4ª Linha ———————————  4º Espaço
5ª Linha ———————————  5º Espaço
```

As linhas suplementares tanto Superiores como Inferiores, são contadas a partir das pautas.

Figuras

São sinais que estabelecem a duração do som e do silêncio, também chamados Valores. Os Valores podem ser Positivos e Negativos.

Valores Positivos - São as figuras das notas, que representam a duração do som.

Valores Negativos - São as figuras das pausas que representam a duração do silêncio.

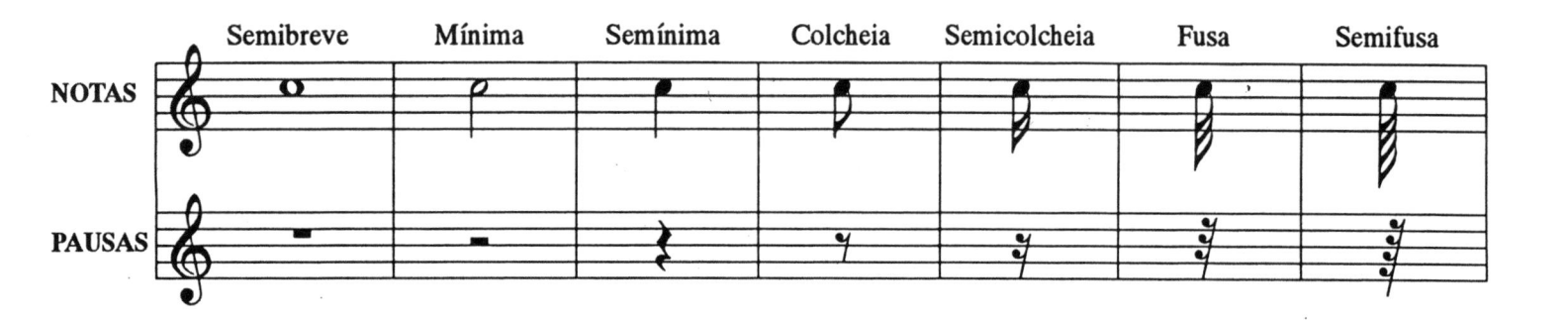

	Semibreve	Mínima	Semínima	Colcheia	Semicolcheia	Fusa	Semifusa
NOTAS	𝅝	𝅗𝅥	𝅘𝅥	𝅘𝅥𝅮	𝅘𝅥𝅯	𝅘𝅥𝅰	𝅘𝅥𝅱
PAUSAS	𝄻	𝄼	𝄽	𝄾	𝄿	𝅀	𝅁

Compasso

Um trecho musical consta de partes iguais chamadas Compassos, que são separados por linhas verticais denominadas Barras ou Travessões.

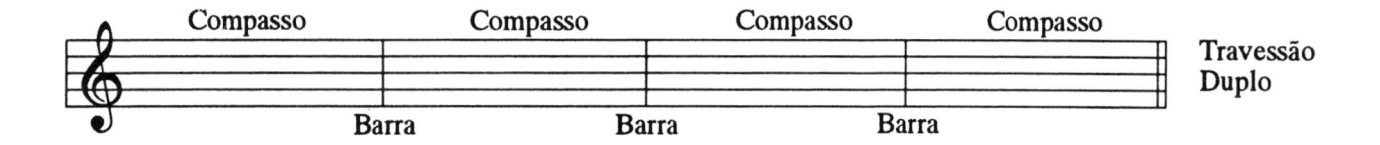

No final de um trecho usa-se colocar 2 Travessões: **Travessão Duplo**.

Tempos - São as partes ou movimentos em que está dividido cada compasso.

Signos de Compasso

Quase sempre os compassos são representados por frações ordinárias, sendo que o numerador indica a quantidade dos valores que entram no compasso e o denominador a qualidade.

Os compassos podem ser **Binário, Ternário e Quaternário**, e os mais usados são:

Binário (2 tempos) — $\frac{2}{4}$

Ternário (3 tempos) — $\frac{3}{4}$

Quaternário (4 tempos) — $\frac{4}{4}$

De Ouvido

Vamos subir e descer a escada dos Sons!

Subindo a Escada

As notas musicais são 7:
DÓ RÉ MI FÁ SOL LÁ SI.

Por enquanto vamos aprender somente uma oitava. Cada oitava abrange 8 notas sendo a 8ª nota a repetição da 1ª.

Como Estudar

Pronuncie em voz alta estas 8 notas, como se estivesse subindo uma escada. Depois tente entoar essas oito notas subindo.

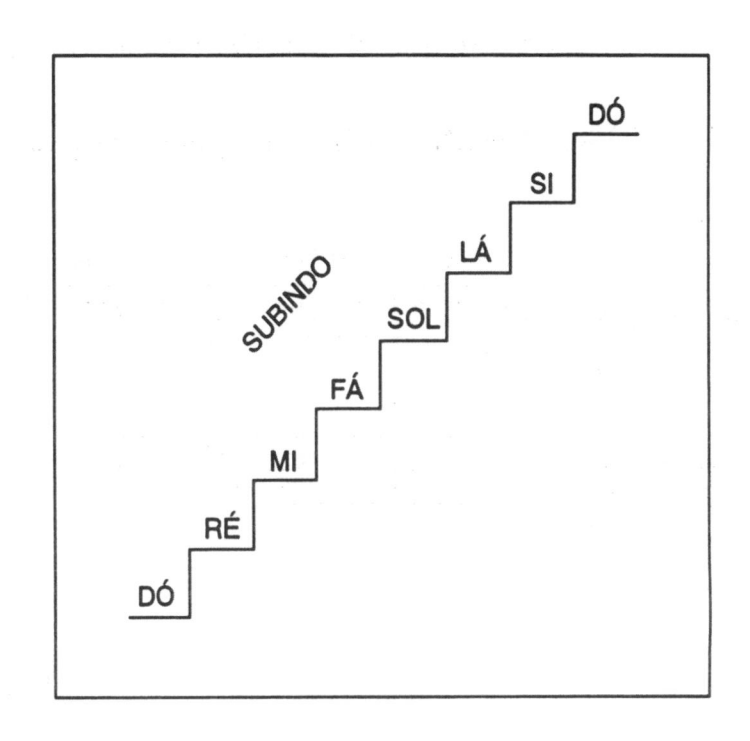

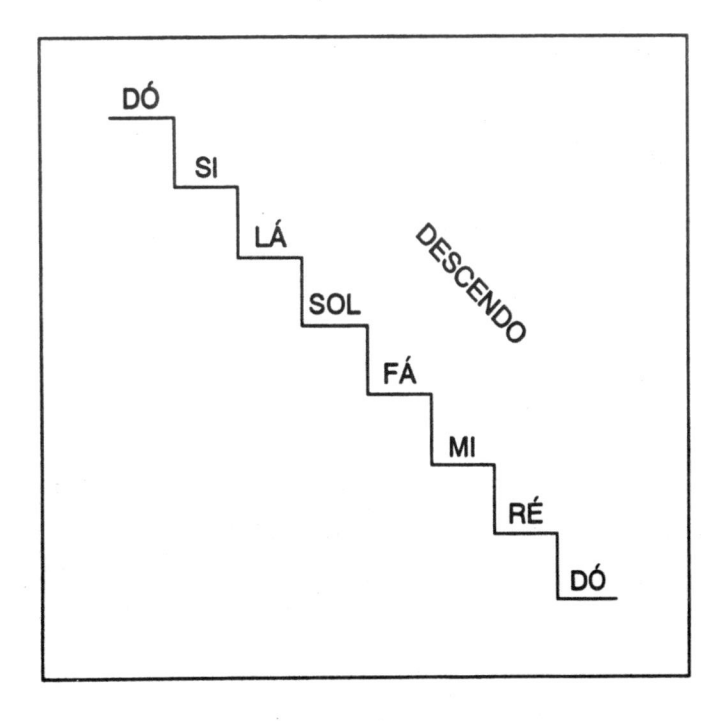

Descendo a Escada

Agora, desça devagarzinho, sem tropeçar, até ficar fluente. Repare que para descer a escada falando sem errar, é muito mais difícil.

Como Estudar

Pronuncie em voz alta essas 8 notas, como se estivesse descendo a escada.
Repita diversas vezes sem olhar para o desenho. Depois tente entoar essas 8 notas descendo.

Subindo e Descendo a Escada

Finalmente você vai subir e descer a escada, que podemos chamar de Escala de DÓ. Desça e suba diversas vezes, até pronunciar rapidamente os nomes das notas sem olhar para os desenhos da escada. É por aí, esses são os seus primeiros passos na escada do "Paraíso da Música".

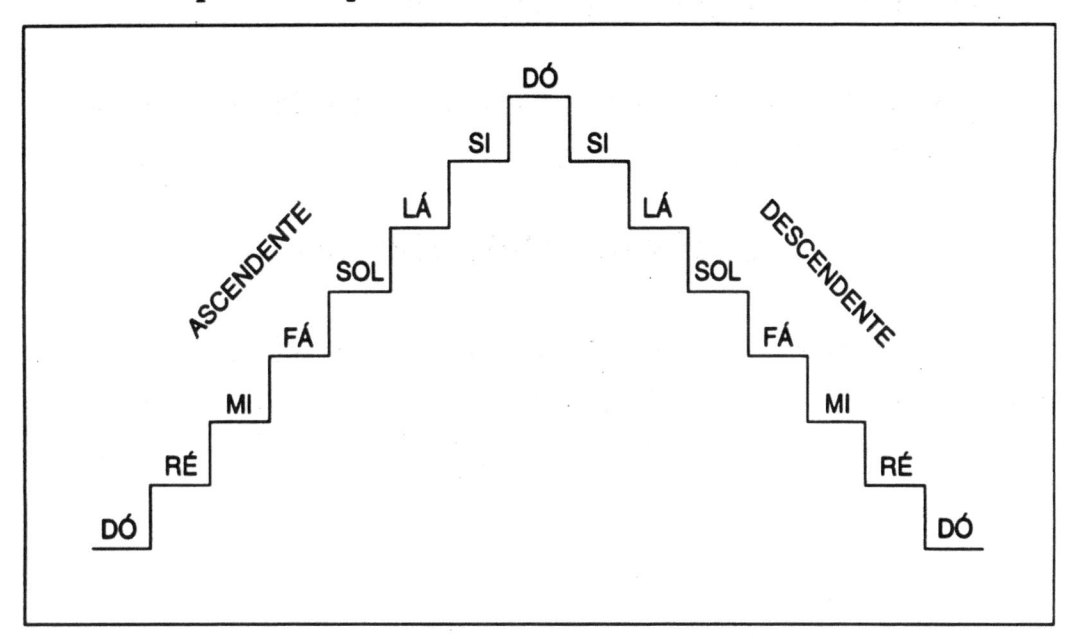

Como Estudar

Suba e desça entoando as notas da Escala de DÓ. Experimente tocar no teclado essas 8 notas, procurando igualá-las à sua voz, praticando a sua memória auditiva.

Intervalos

Intervalo - é a distância de altura entre duas notas.

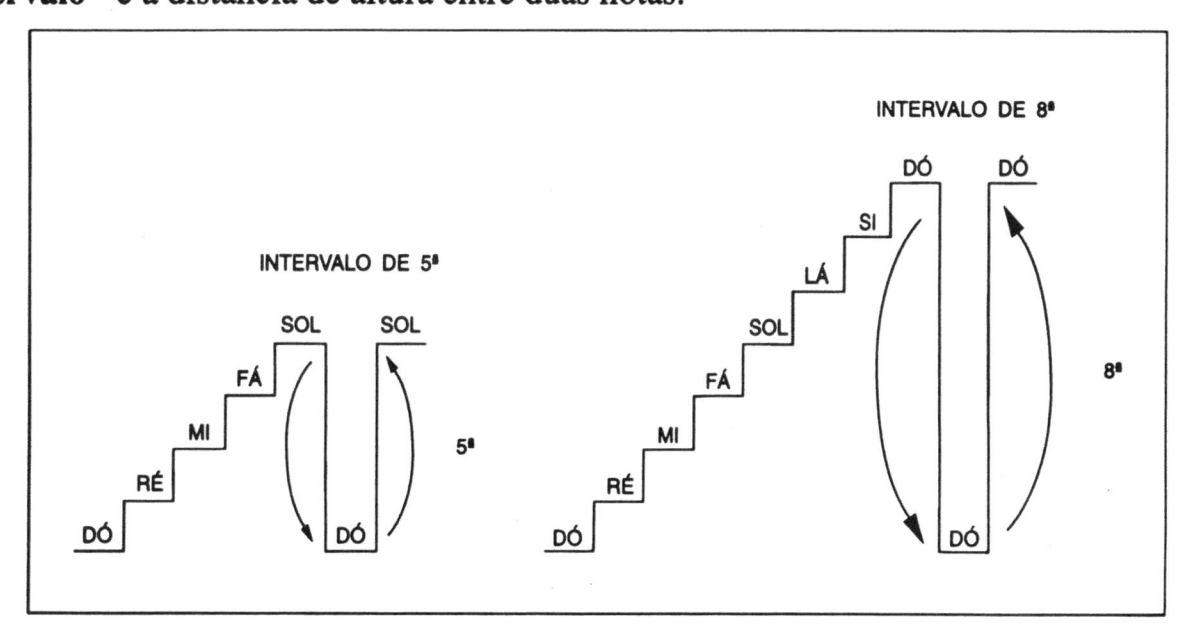

Há intervalos de 2ª, 3ª, 4ª, 5ª, 6ª, 7ª, 8ª, etc. Pratique mentalmente outros intervalos.

É justamente assim: os intervalos entre uma nota e outra é que formam e resultam em milhares de belíssimas Melodias.

| De Ouvido e por Música |

Cifras

Na Música Popular, usa-se mundialmente um "Sistema de Cifragem" para o acompanhamento do Piano, Órgão Eletrônico, Violão, *Acordeon*, Teclados, etc.

Cifras - São letras que se colocam acima ou abaixo de uma melodia para indicar quais são os seus acordes correspondentes.

Cifras nos Dois Idiomas

Há muitos anos, em todos os países do mundo, as Cifras vêm sendo empregadas pelos profissionais da Música Popular em dois idiomas: Língua Latina e Língua Anglo-Saxônica.

Na Língua Latina as sete notas são representadas por sílabas e na Língua Anglo-Saxônica por sete letras do alfabeto.

AS SETE NOTAS MUSICAIS

(Por Música) Ordem Musical

(De Ouvido) Língua Latina → DÓ RÉ MI FÁ SOL LÁ SI
Língua Anglo-Saxônica → C D E F G A B

Como ligar e desligar seu Teclado

1- Antes de começar a tocar, ligue o fio do instrumento na tomada de eletricidade. Se for utilizá-lo no campo ou na praia, coloque as pilhas no recipiente.
2- Ligue o botão *Power*, passando-o para a posição *ON*. Uma luzinha vermelha (*led*), acenderá, indicando que o instrumento está funcionando.
3- Ligue o botão (registro ou programa) do instrumento que deseja usar para tocar a melodia. Pode ser Piano, Saxofone, Flauta, Guitarra, etc.
4- Regule o volume do teclado, para que tenha boa audibilidade.
5- Escolha um Ritmo para o acompanhamento da bateria e selecione também o Registro de Baixos Automáticos para que o ritmo da bateria possa provocar variações automáticas do baixo.
6- Experimente executar algumas músicas com ritmos de bateria diferentes e vários registros de melodia. Anote as combinações que mais lhe agradarem.
7- Para desligá-lo, passe o botão de *Power* para a posição *OFF*. Assim a luzinha vermelha apagará, indicando que o instrumento foi desligado.

De Ouvido e por Música

Valores das Notas e Pausas

Vamos aprender agora os Valores das Notas e das Pausas. As Notas representam o Som, e as Pausas o Silêncio. Elas têm os mesmos Valores.

Os Valores das Notas e Pausas abaixo, referem-se ao compasso quaternário (4/4, C ou 4)

Valores Positivos: Notas

NOTAS	NOMES	VALORES
o	Semibreve	4 tempos
♩	Mínima	2 tempos
♩	Semínima	1 tempo
♪	Colcheia	½ tempo
♫	Semicolcheia	¼ de tempo

Valores Negativos: Pausas

PAUSAS	NOMES	VALORES
—	Semibreve	4 tempos
—	Mínima	2 tempos
𝄽	Semínima	1 tempo
𝄾	Colcheia	½ tempo
𝄿	Semicolcheia	¼ de tempo

Duração das figuras

A figura da Semibreve é considerada a unidade e as outras são suas subdivisões ou frações. As figuras, segundo a ordem dos seus valores valem o dobro da seguinte e metade da anterior.

A Semibreve vale 2 Mínimas ou 4 Semínimas

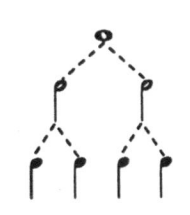

A Mínima vale 2 Semínimas ou 4 Colcheias

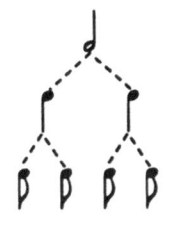

A Semínima vale 2 Colcheias ou 4 Semicolcheias

As outras figuras têm estas mesmas subdivisões.

Um ponto depois de uma nota ou pausa, aumenta metade do seu valor. Uma mínima pontuada passará a valer 3 tempos. Exemplo: ♩. =2+1=3.

Cabeça, Haste e Colchete

As figuras de Notas podem ser compostas de: Cabeça, Haste e Colchete.

As Cabeças de Notas são escritas nas linhas e nos espaços da pauta para determinar os nomes das notas.

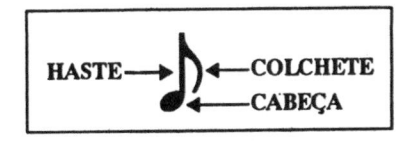

HASTE → ♪ ← COLCHETE
            ← CABEÇA

O DÓ Central

O DÓ Central está no centro do teclado. É uma tecla branca antes das duas teclas pretas. Este DÓ, serve de guia ou ponto de partida para nomear e localizar as notas tanto para a direita como para a esquerda.

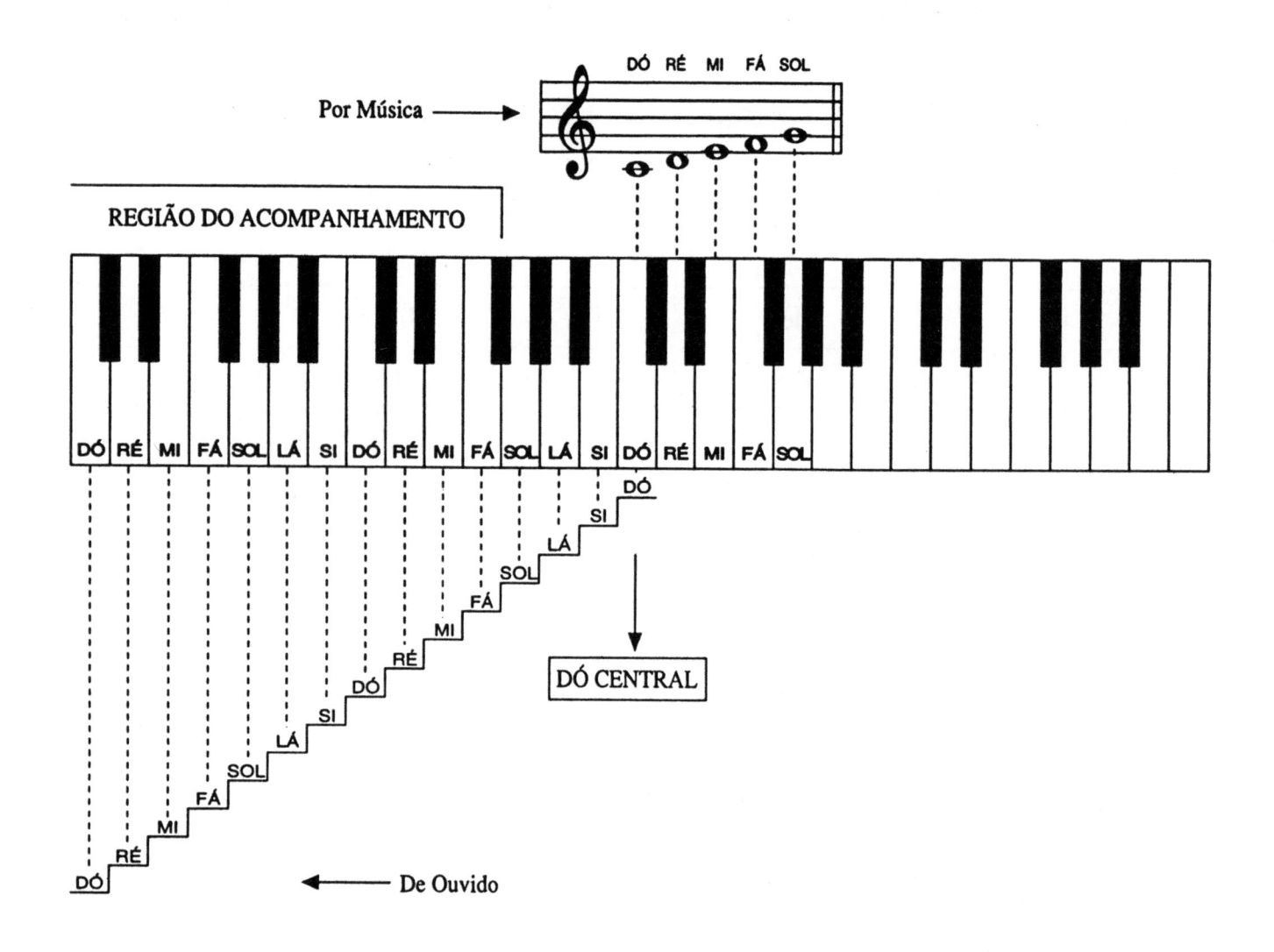

Vamos tocar o DÓ RÉ MI FÁ SOL

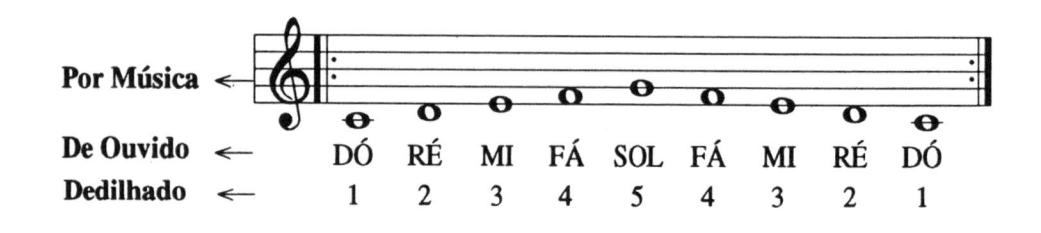

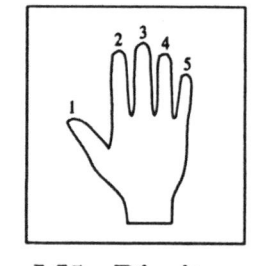

Toque vagarosamente estas cinco notas, uma de cada vez.

Os dois pontos no princípio e no final da Pauta, servem de aviso para repetir o trecho musical. Chamam-se Sinais de Repetição.

Repita diversas vezes, até que os sons desta 5 notas fiquem bem limpinhos e firmes. Toque com os dedos arredondados, como se estivesse segurando uma bola.

Minha Primeira Valsa

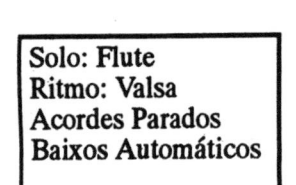

C (DÓ MAIOR) Sol Dó Mi 5 2 1

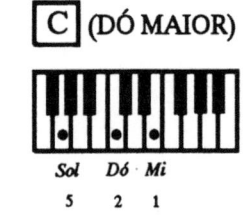

G (SOL MAIOR) Sol Si Ré 5 3 1

DÓ RÉ MI FÁ SOL

Solo: Flute
Ritmo: Valsa
Acordes Parados
Baixos Automáticos

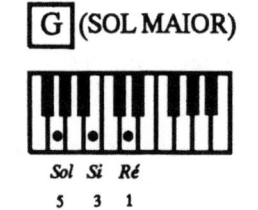

A primeira Cifra desta música (C), deve ser tocada com o Acorde Parado, isto é, prendendo ou segurando o Acorde até aparecer uma nova Cifra (G), e assim por diante. Isto quando estiver ligado o Registro de Ritmos e os Baixos Automáticos

MÁRIO MASCARENHAS

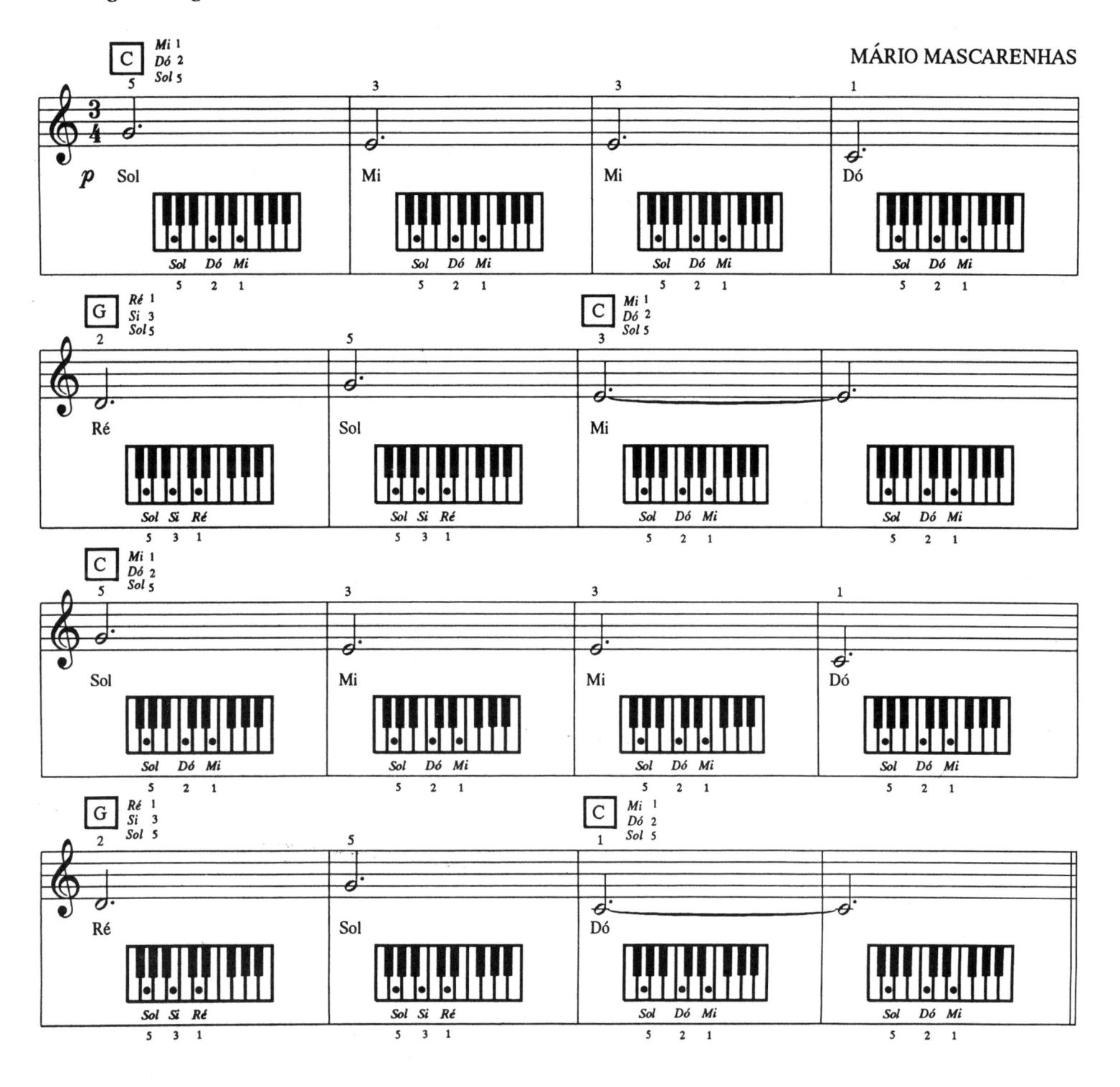

Ode à Alegria

(Da 9ª Sinfonia)

Importante: C = Mi Dó Sol   G = Ré Si Sol

Para facilitar a leitura das Cifras, escreva a lápis os nomes das notas que as formam, no lado direito de cada quadrinho, no decorrer da música. Caso não conheça a Cifra, procure-a no DICIONÁRIO DE ACORDES, página 58.

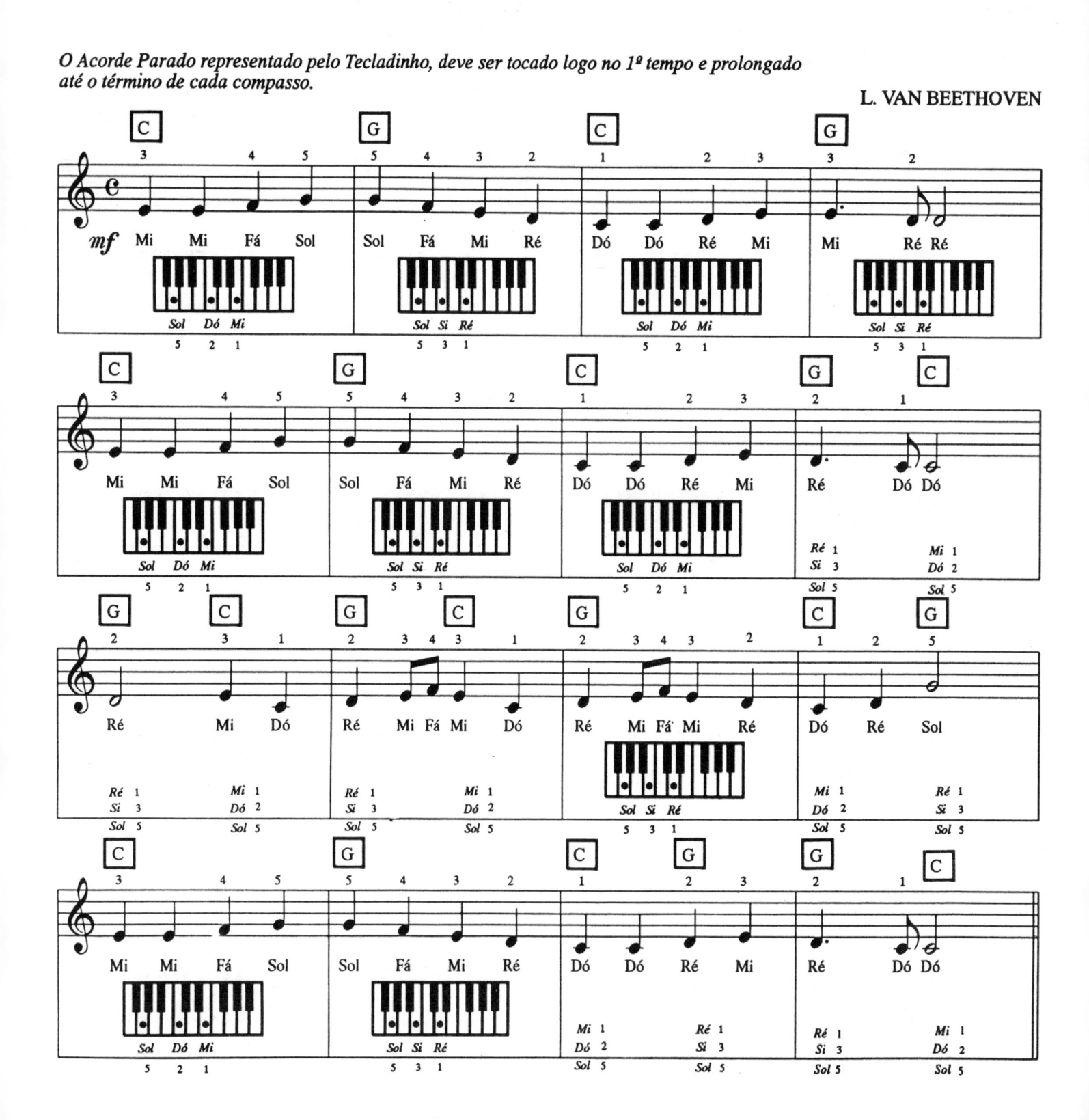

DÓ RÉ MI FÁ SOL

Solo: Strings
Ritmo: Marcha
Acordes Parados
Baixos Automáticos

O Acorde Parado representado pelo Tecladinho, deve ser tocado logo no 1º tempo e prolongado até o término de cada compasso.

L. VAN BEETHOVEN

Asa Branca

Baião

F (FÁ MAIOR)

Solo: Accordion
Ritmo: Baião
Acordes Parados
Baixos Automáticos

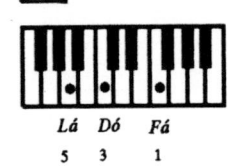

Toque obedecendo bem o dedilhado da Melodia e dos Acordes.

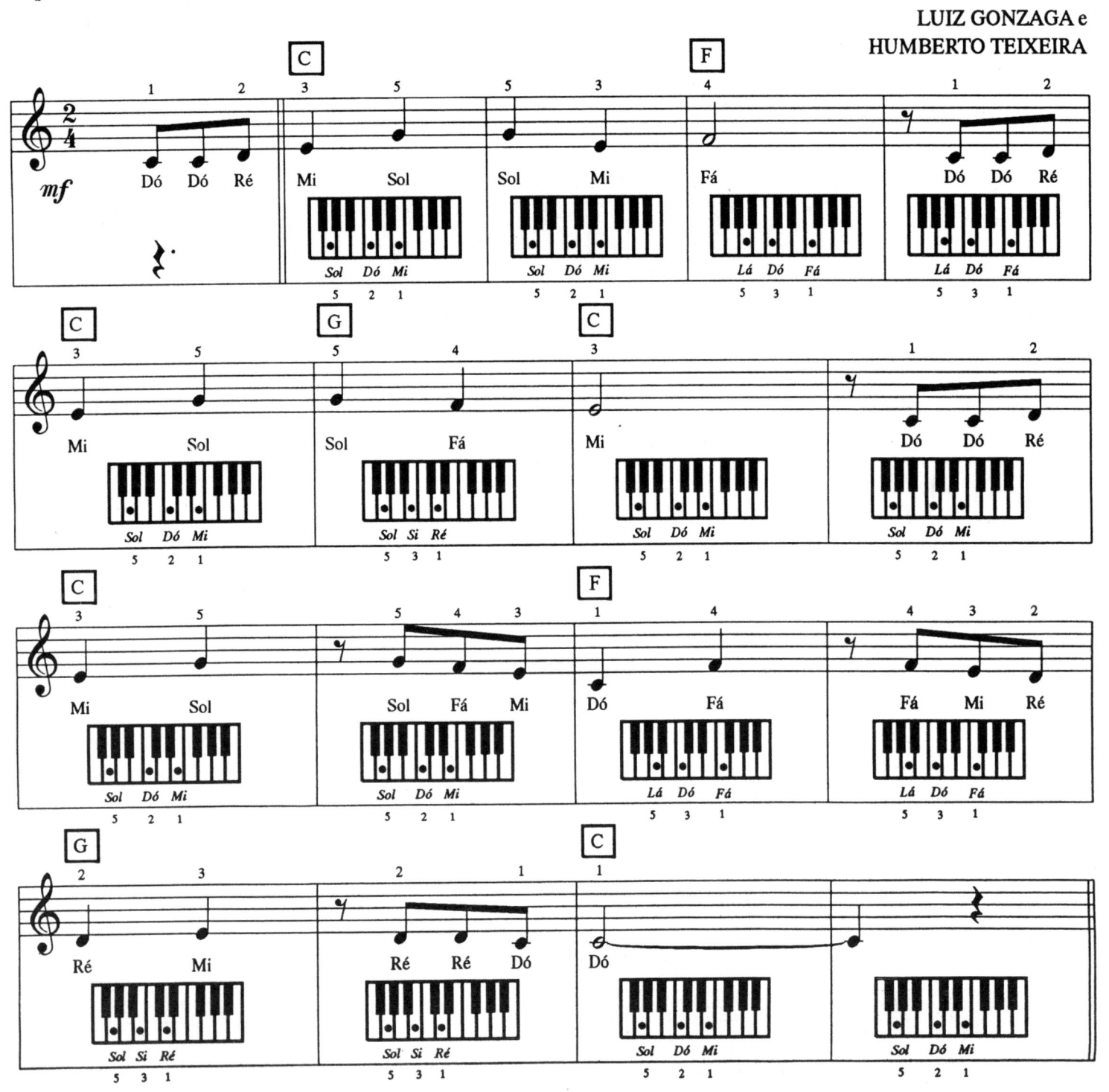

LUIZ GONZAGA e
HUMBERTO TEIXEIRA

©Copyright 1953 by BOURNE INC. e FERMATA DO BRASIL LTDA.

Oh! Susana!

Marcha

Solo: Banjo
Ritmo: Marcha
Acordes Parados
Baixos Automáticos

Nota Nova: LÁ

DÓ RÉ MI FÁ SOL LÁ

A soma dos Valores Musicais (Notas e Pausas) que entram em cada compasso é encontrada de acordo com o Signo de Compasso colocado no princípio da Pauta: 2/4, 3/4 ou 4/4. Vide página 15.

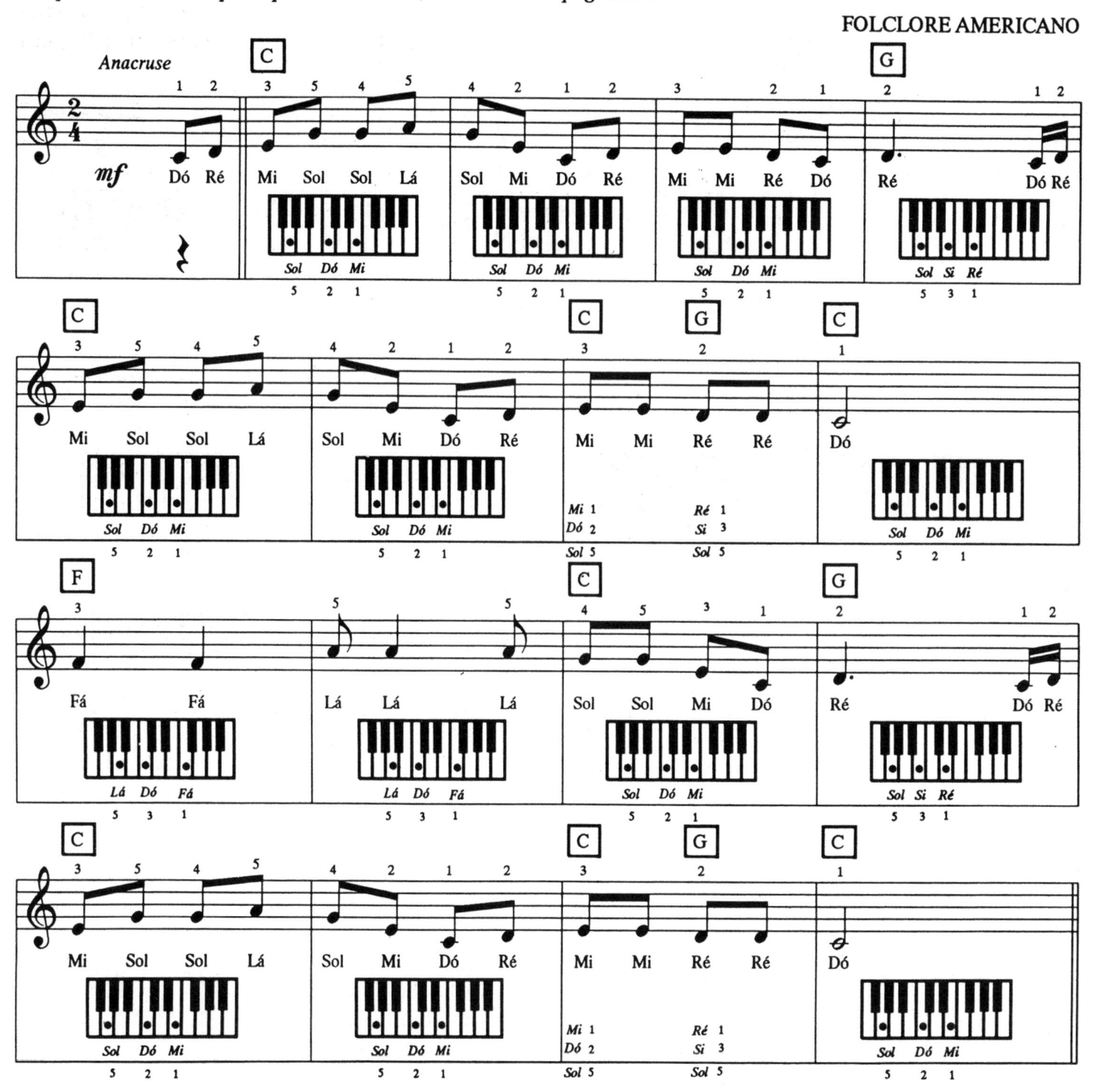

FOLCLORE AMERICANO

Vieni Sul Mar

(Oh! Minas Gerais!)

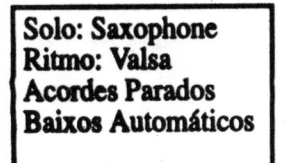

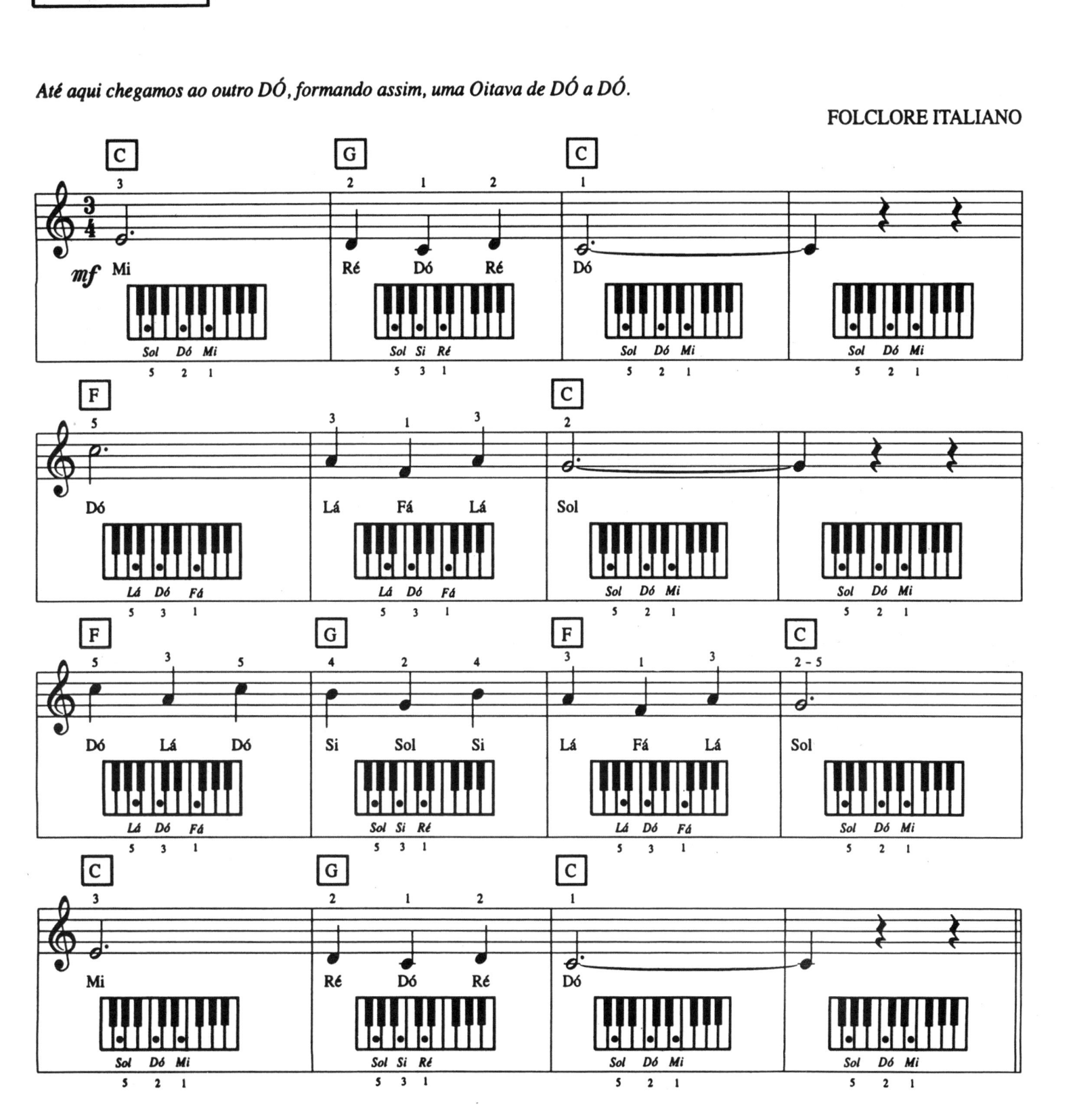

Solo: Saxophone
Ritmo: Valsa
Acordes Parados
Baixos Automáticos

Notas Novas: SI - DÓ

DÓ RÉ MI FÁ SOL LÁ SI DÓ

Até aqui chegamos ao outro DÓ, formando assim, uma Oitava de DÓ a DÓ.

FOLCLORE ITALIANO

Valsa dos Patinadores

Solo: Violin
Ritmo: Valsa
Acordes Parados
Baixos Automáticos

Dm (RÉ MENOR)
Lá Ré Fá
5 3 1

Nota Nova: RÉ
DÓ RÉ MI FÁ SOL LÁ SI DÓ RÉ

Procure decorar bem as notas que formam cada Cifra!

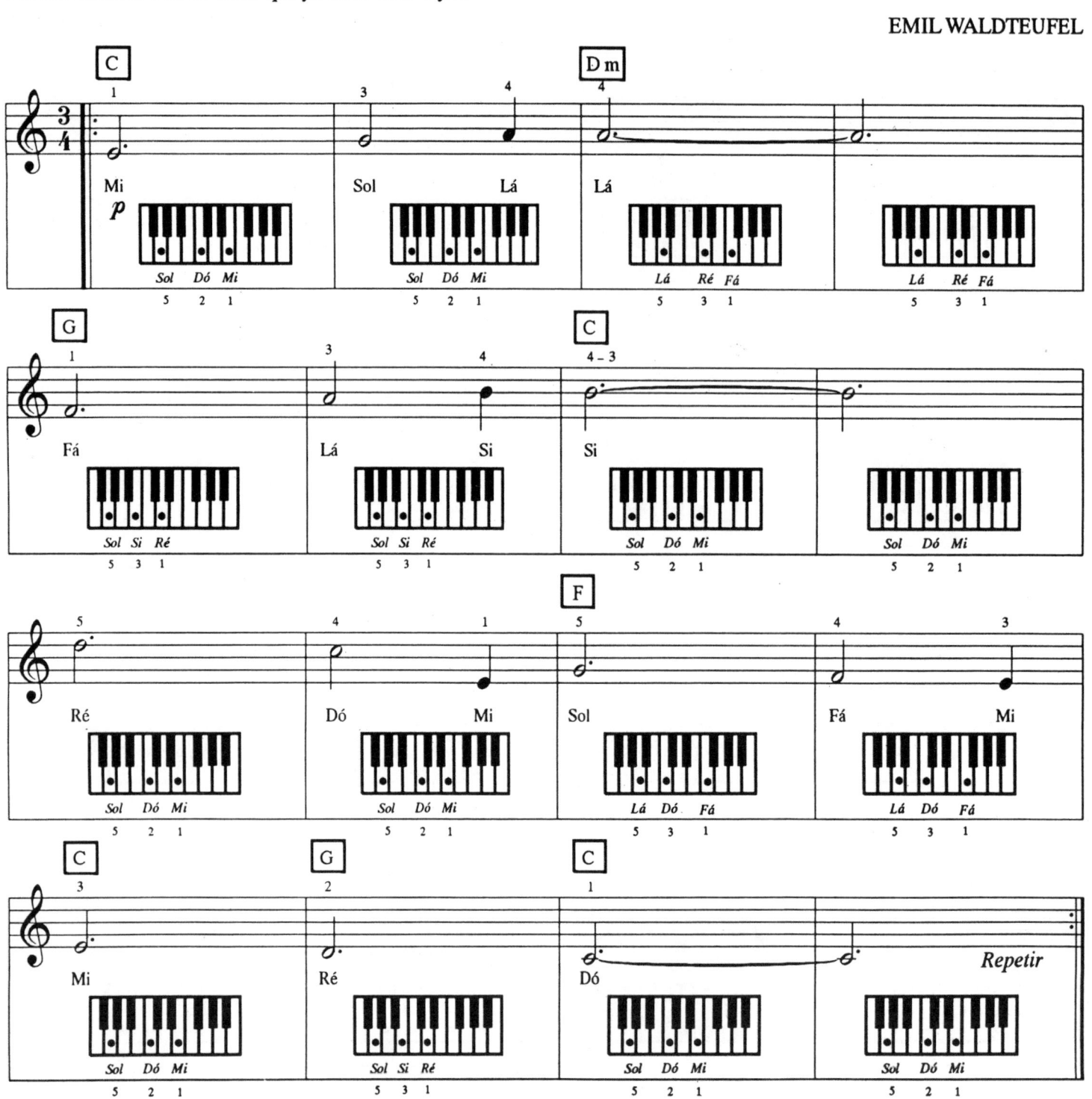

EMIL WALDTEUFEL

Repetir

Mulher Rendeira

Baião

Solo: Accordion
Ritmo: Baião
Acordes Parados
Baixos Automáticos

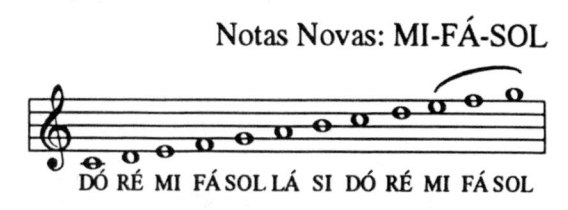

Notas Novas: MI-FÁ-SOL

DÓ RÉ MI FÁ SOL LÁ SI DÓ RÉ MI FÁ SOL

Nesta lição, vamos aprender as notas: MI - FÁ - SOL.

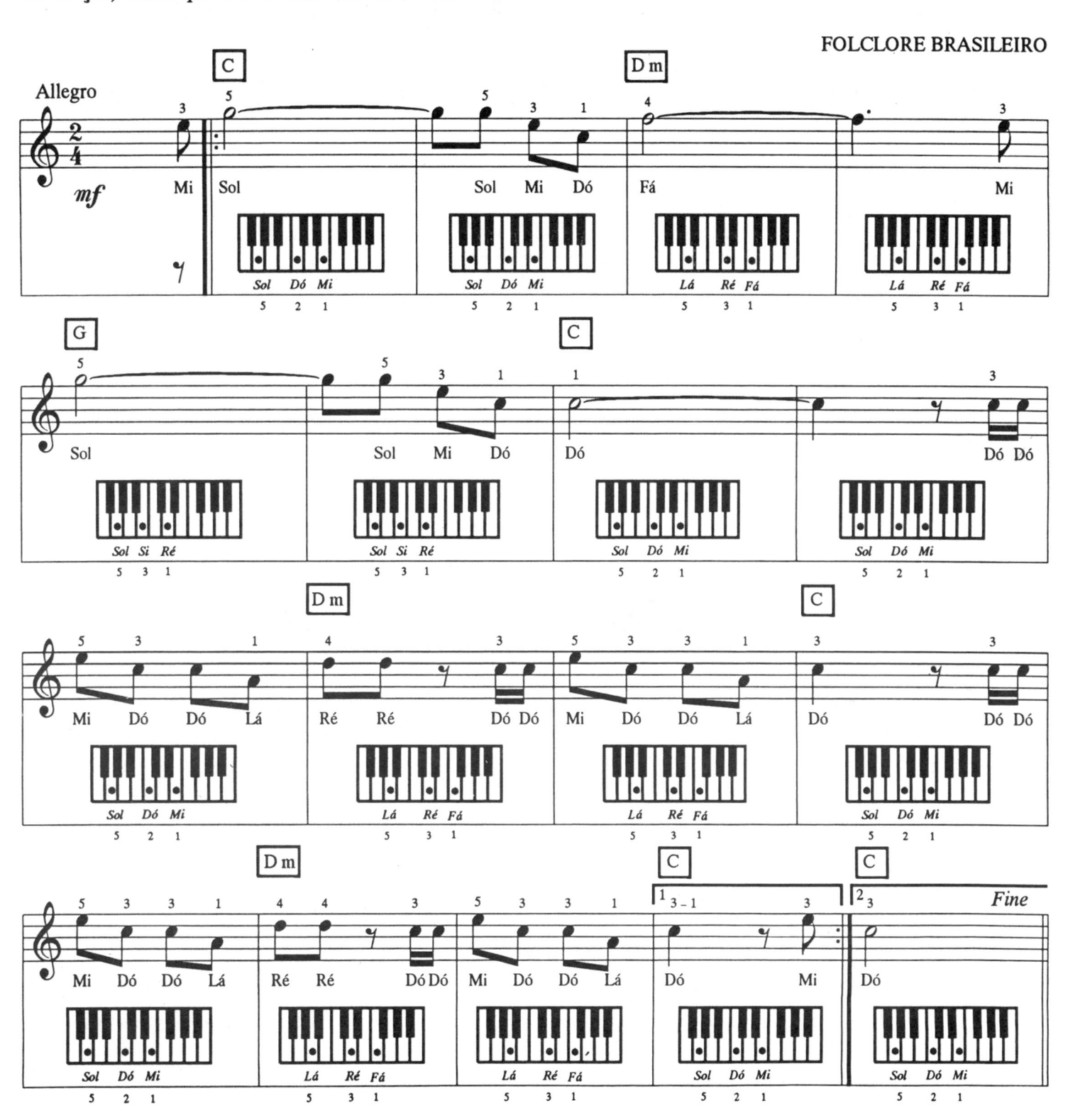

FOLCLORE BRASILEIRO

Quadro das notas de um teclado de 4 oitavas

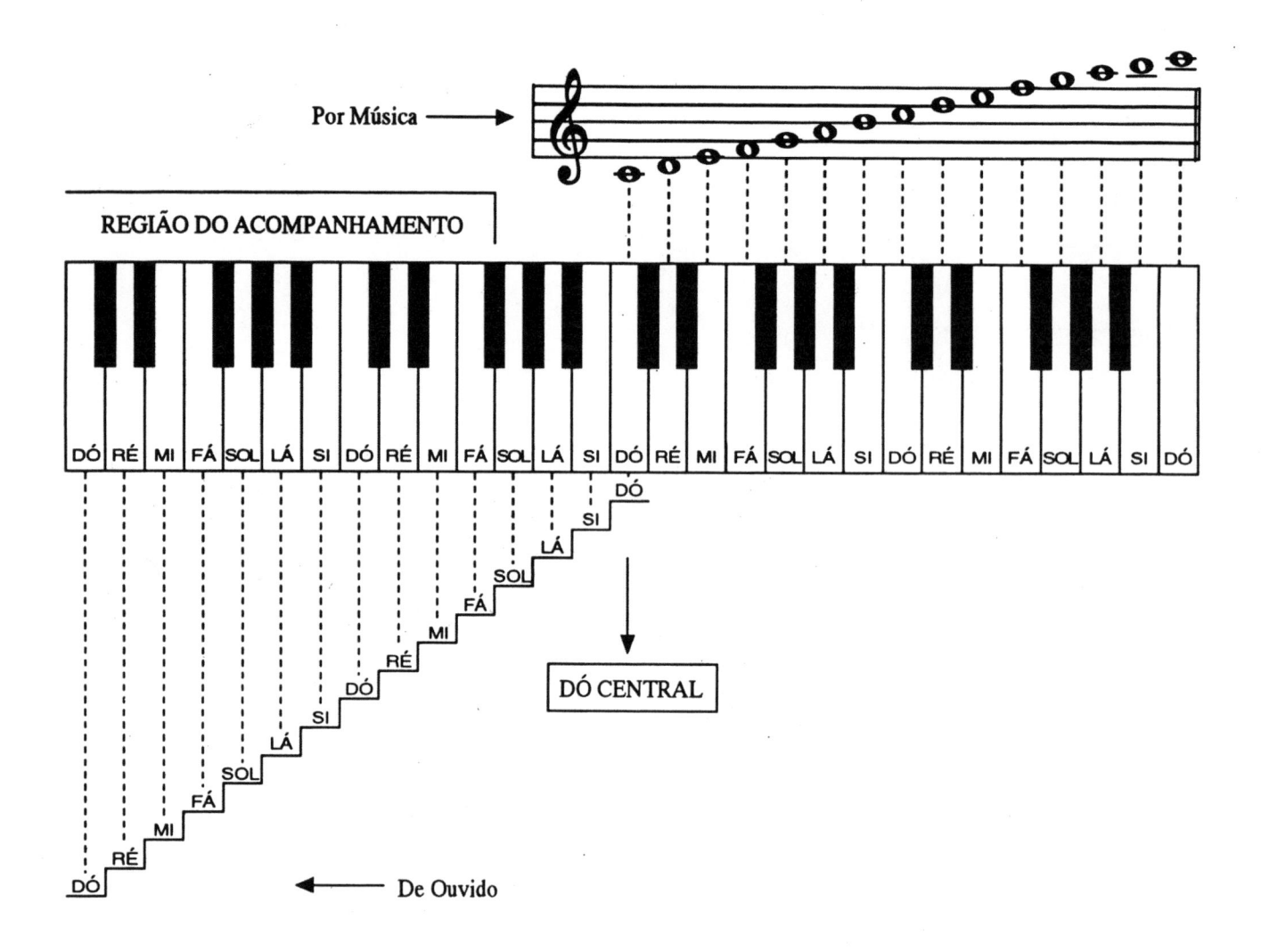

Como Manusear um Teclado

Ao comprar um Teclado, guarde com muito cuidado o Catálogo ou Manual que o acompanha, porque possui diversas instruções sobre os diversos recursos de uma determinada marca. Quase sempre eles trazem: Sugestão de Registros, Controle de Acompanhamento e Solos, Registro de Ritmos, Controle de Volume e sons de instrumentos que podem ser usados para melodias: Flautas, Piano, *Strings*, Guitarra, etc.

As Cifragens no Teclado

Os Acordes Cifrados do Teclado são os mesmos do Órgão Eletrônico. Quando você não souber uma Cifra, recorra ao Dicionário de Acordes Cifrados para Teclado, apresentado no final deste livro.

Can Can

Marcha

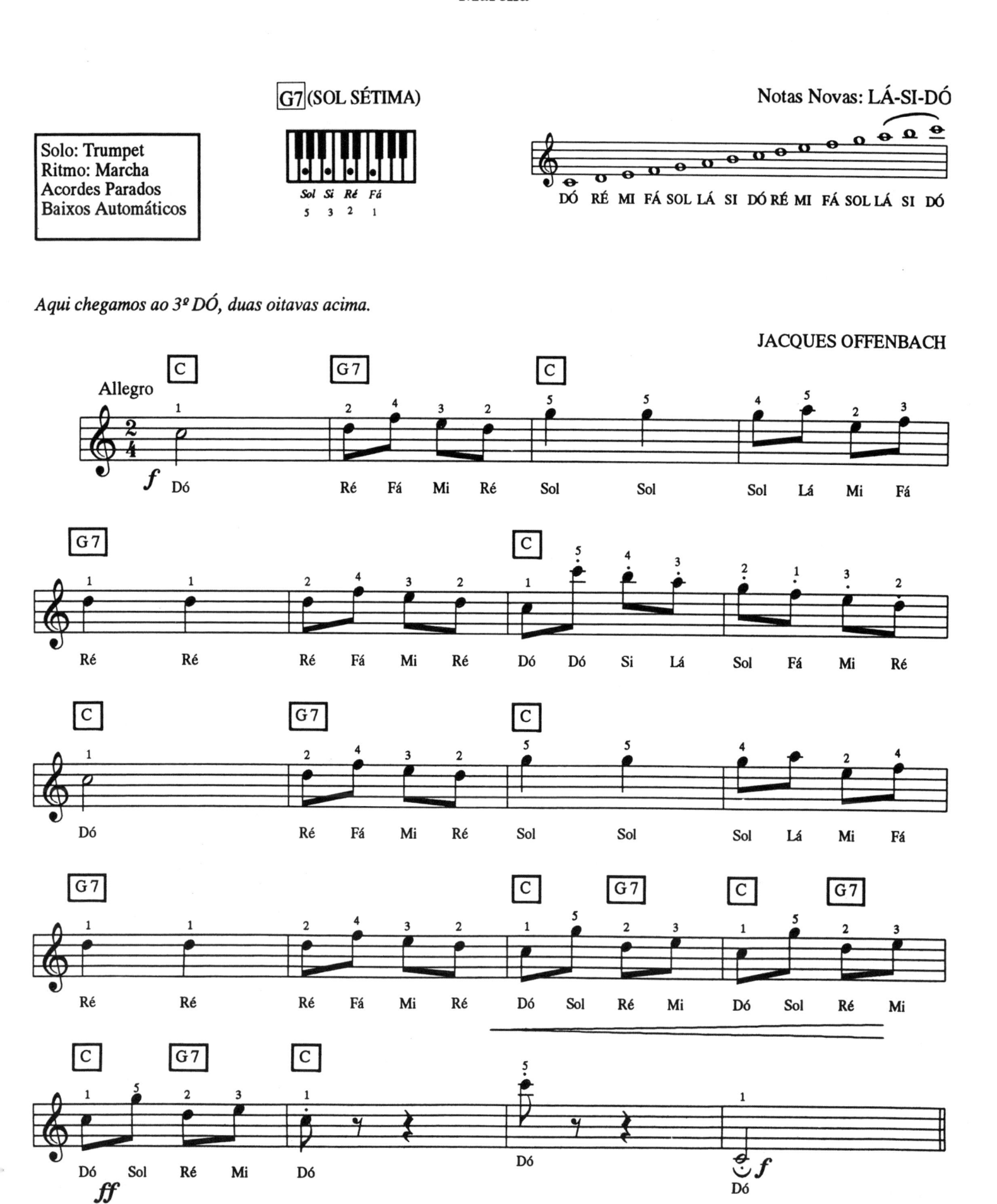

G7 (SOL SÉTIMA)

Notas Novas: LÁ-SI-DÓ

Solo: Trumpet
Ritmo: Marcha
Acordes Parados
Baixos Automáticos

Aqui chegamos ao 3º DÓ, duas oitavas acima.

JACQUES OFFENBACH

Músicas com Acidentes

Que bom que na página anterior você chegou ao DÓ duas oitavas acima!

Acontece porém, que as músicas apresentadas foram todas no tom de DÓ Maior, isto é, sem acidentes.

Agora você vai poder tocar músicas com Sustenidos, Bemóis, etc. Mas primeiramente teremos que estudar os Acidentes ou Sinais de Alteração.

De Ouvido e por Música

Sinais de Alteração ou Acidentes

♯ SUSTENIDO - eleva a nota um semitom.

♭ BEMOL - abaixa a nota um semitom.

𝄪 DOBRADO SUSTENIDO - eleva a nota um tom.

♭♭ DOBRADO BEMOL - abaixa a nota um tom.

♮ BEQUADRO - faz a nota voltar ao seu estado normal.

Estes sinais são colocados antes das notas para modificar-lhes a entoação, elevando ou abaixando um ou dois semitons.

SUSTENIDOS

BEMOIS

Por Música

De Ouvido

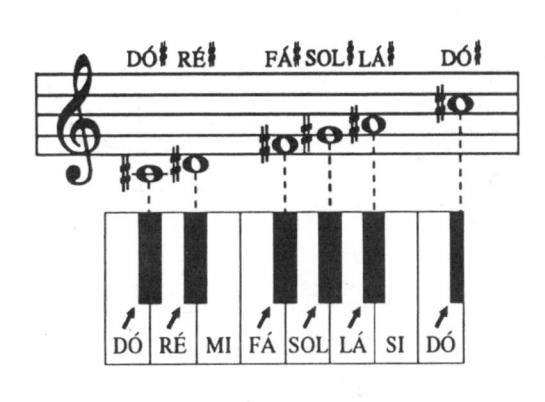

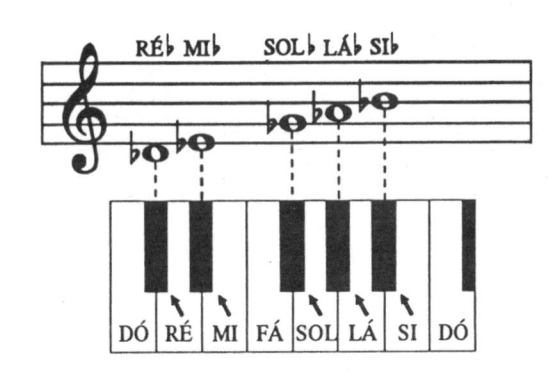

Exemplo: Se no princípio da pauta, depois da Clave, há o Fá sustenido, todas as notas Fá que aparecerem no decorrer da peça serão sustenizadas. O mesmo acontece com os bemóis: se no princípio da pauta aparece o Si bemol, todas as notas Si serão bemolizadas.

Pode haver mais de um sustenido ou mais de um bemol no princípio da pauta, dependendo do tom em que a peça ou escala foi escrita. Aparecem também, sinais de alteração no decorrer da peça, e são chamados Ocorrentes. Estes só valem dentro do compasso onde foram escritos.

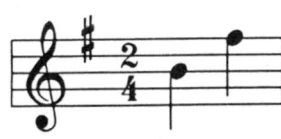

Acidente Ocorrente

Greensleeves

Am (LÁ MENOR)

Lá Dó Mi
5 3 1

E7 (MI SÉTIMA)

Sol# Si Ré Mi
5 3 2 1

Solo: Piano
Desligar Ritmo e Baixos
Automáticos
Acordes Parados

Greensleeves em inglês quer dizer Mangas Verdes. Os soldados do rei do palácio na Idade Média usavam as Mangas Verdes nas blusas de seus uniformes.

MÚSICA BARROCA
ANÔNIMO SÉCULO XVIII

Lento e Docemente

Am — Lá Dó Ré Mi Fá Mi Ré Si Sol — G7 — Lá Si Dó Lá — Am — Lá Sol# Lá — Dm

E7 — Si Sol# Mi Lá Dó Ré Mi Fá Mi Ré Si Sol Lá Si — Am — G7

Am — Dó Si Lá Sol# Fá Sol# Lá — E7 — Am — FIM Sol Sol Fá# Mi Ré Si — C — G

Sol Lá Si Dó Lá Lá Sol# Lá — Am — Si Sol# Mi — E7 — Sol Sol Fá# Mi — C

Ré Si Sol Lá Si Dó Si Lá — G — Am — Sol# Fá Sol# Lá — E7 — Lá — Am

D.C. ao 𝄋 e FIM

Observe que no 14° compasso desta música, o segundo SOL, que não tem sustenido também é sustenizado porque está dentro do mesmo compasso do Sol#. Os outros SOL que aparecem nos compassos seguintes serão naturais.

23

Fascination

Valsa

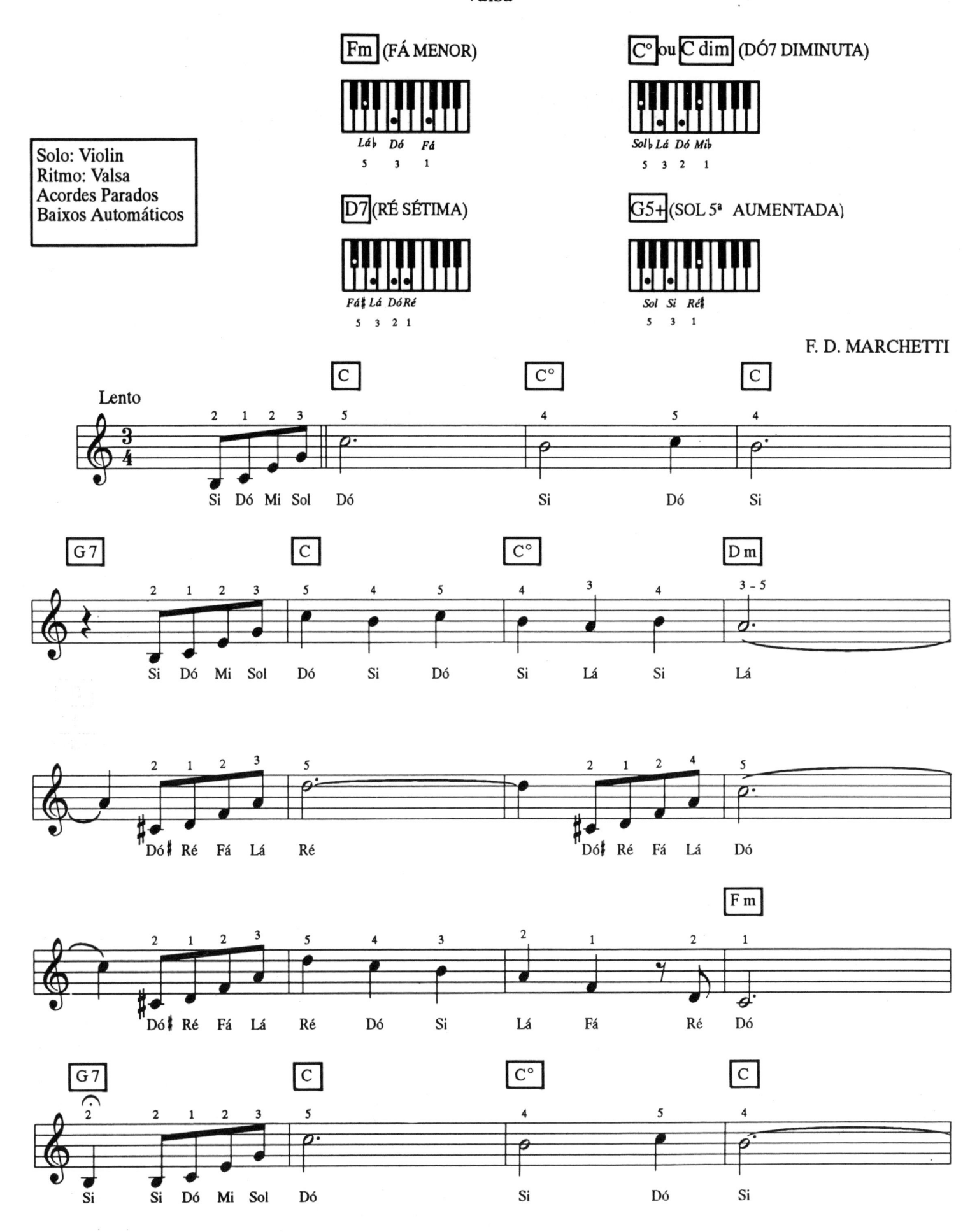

Solo: Violin
Ritmo: Valsa
Acordes Parados
Baixos Automáticos

Fm (FÁ MENOR) — Láb Dó Fá — 5 3 1

C° ou C dim (DÓ7 DIMINUTA) — Solb Lá Dó Mib — 5 3 2 1

D7 (RÉ SÉTIMA) — Fá# Lá Dó Ré — 5 3 2 1

G5+ (SOL 5ª AUMENTADA) — Sol Si Ré# — 5 3 1

F. D. MARCHETTI

© 1944 By SOUTHERN MUSIC PUB. CO. LTDA/IRMÃOS VITALE S/A IND. E COMERCIO.

Tocar de Ouvido

Você que deseja tocar teclado de ouvido, só terá que ler os nomes das notas.

Pelo desenho do teclado na página 5, poderá observar a localização das notas nas teclas, à direita do DÓ Central, onde se toca a melodia.

Na página 8 temos também um ótimo exercício através de escadinhas, para ter uma idéia perfeita da sequência e da altura do som de cada uma das 7 notas musicais.

No exercício seguinte, poderá ver e sentir o movimento das notas subindo e descendo na Escala de DÓ Maior.

Escala de DÓ Maior

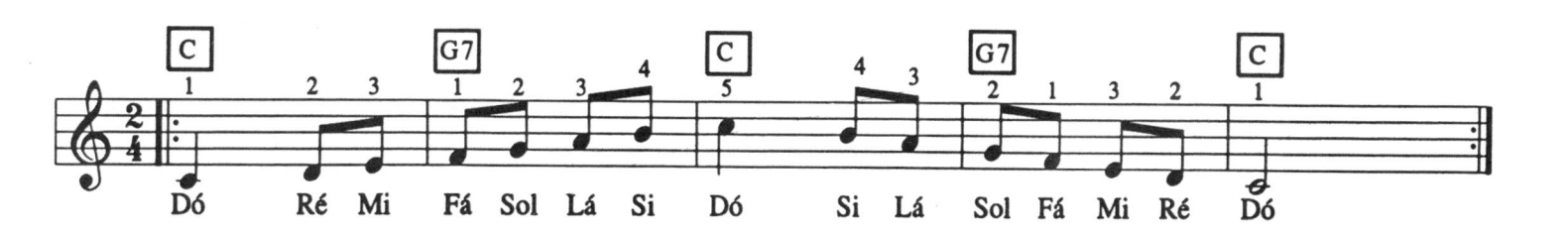

Luzes da Ribalta

(Limelight)

Valsa

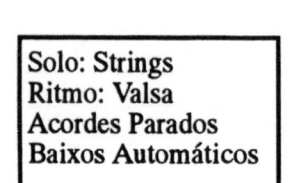

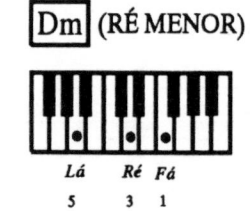

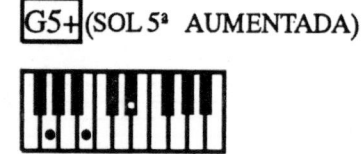

CHARLES CHAPLIN

Solo: Strings
Ritmo: Valsa
Acordes Parados
Baixos Automáticos

As notas dos Acordes são lidas de baixo para cima.

Lento

Dó Ré Mi Ré Fá Mi Si Dó Ré

Si Dó Ré Dó Mi Ré Lá Si Dó

Mi Fá Sol Mi Lá Sol Dó Si Ré Dó Fá Dó Si Sol Lá Si

Lá Fá Sol Lá Sol Ré# Si Lá Mi

Dó Ré Mi Ré Fá Mi Si Dó Ré

© 1953 By BOURNE Inc. § FERMATA DO BRASIL LTDA.

De Ouvido e por Música

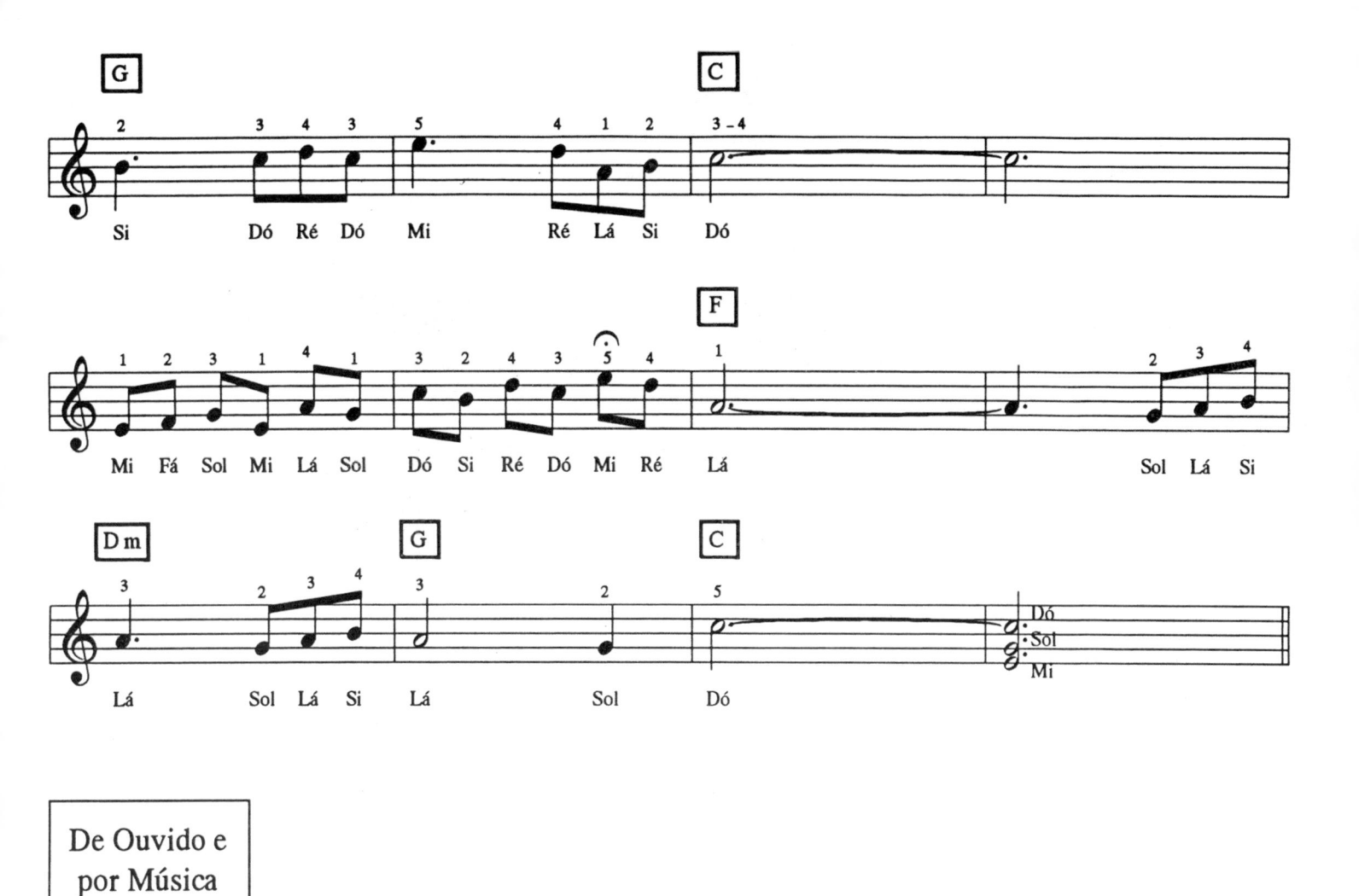

Cabeças de Notas

A didática deste livro é dedicada ao ensino das primeiras notas para aquele que nada conhece de música e não quer se preocupar com regras.

Sei que você quer é tocar de ouvido, mas faça uma "forcinha", não custa nada. Olhe de vez em quando para a pauta musical e repare como as notas estão colocadas nas linhas e nos espaços.

Comparando os Nomes das Notas com as Notas da Pauta Musical

A principal inspiração e motivação deste livro, é justamente o momento em que o estudante que toca de ouvido, ao ler os nomes das notas, vai comparando-as com as notas da Pauta Musical.

Ao ver que as Cabeças de Notas descem e sobem na Pauta Musical, ele também, comparando, desce e sobe as notas cujos nomes lê.

Uma Cifra aqui, uma Nota ali!

Neste método, a cada música apresentada, surge uma Cifra e uma Nota Nova.

Uma Cifra aqui, uma Nota ali... Assim você vai aprendendo pouco a pouco até dominar o Teclado de Ouvido ou por Música.

Love Story

Pop Lento e Balada

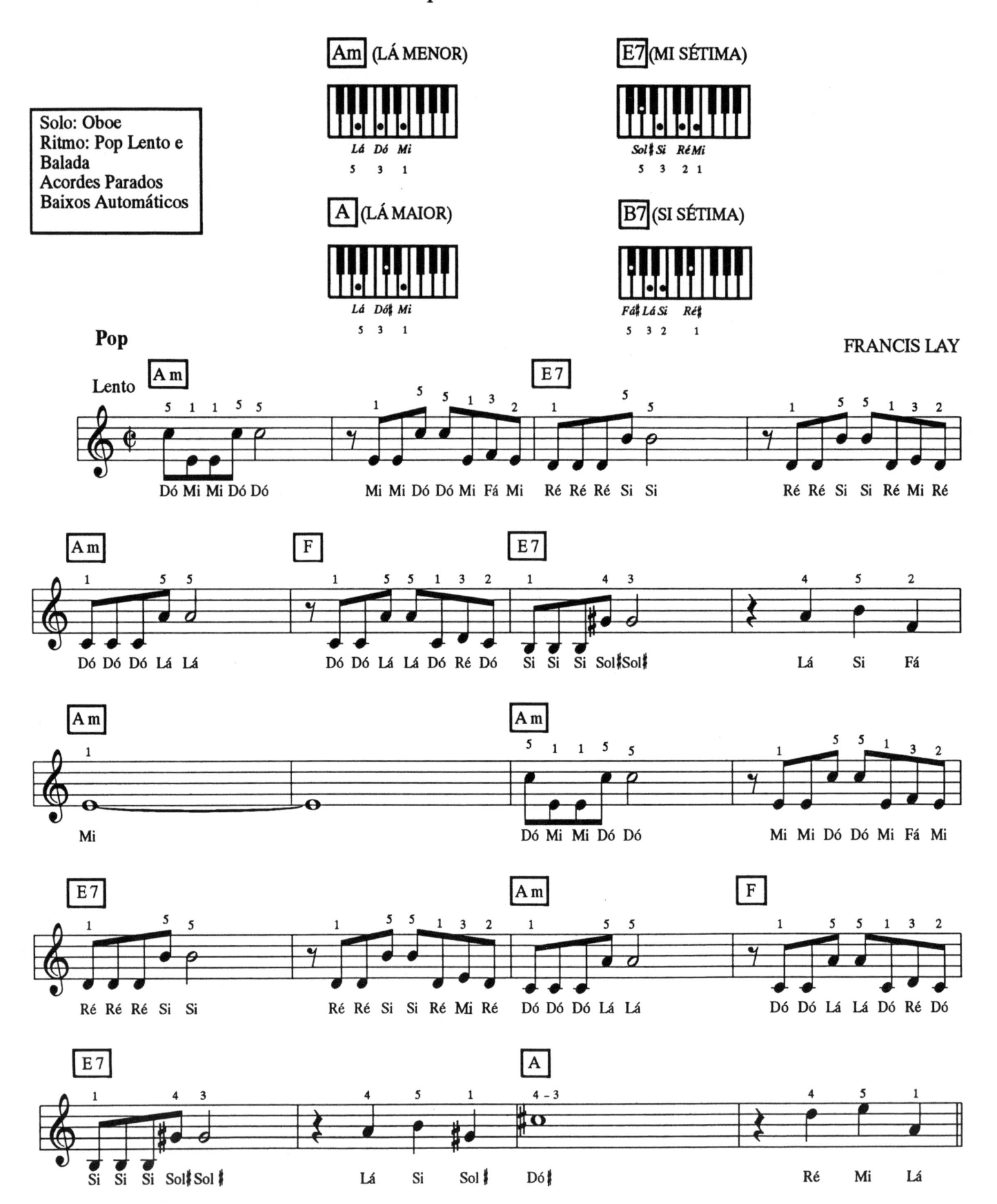

Solo: Oboe
Ritmo: Pop Lento e Balada
Acordes Parados
Baixos Automáticos

Am (LÁ MENOR) — Lá Dó Mi — 5 3 1
E7 (MI SÉTIMA) — Sol# Si Ré Mi — 5 3 2 1
A (LÁ MAIOR) — Lá Dó# Mi — 5 3 1
B7 (SI SÉTIMA) — Fá# Lá Si Ré# — 5 3 2 1

FRANCIS LAY

Pop Lento

©1970 By Famous Music Corp.
© Para o Brasil By Warner/Chappell Ed. Musicais Ltda.

Tocar por Música

Sobre a Teoria Musical

    Coloquei no princípio deste método, apenas algumas noções elementares de música, pois se inserisse nele todos os pontos de Teoria Musical, não haveria espaço para colocar as músicas do repertório e nem o Dicionário de Acordes Cifrados para Teclado.

    Assim sendo, aconselho consultar o 1º volume do livro "Curso Completo de Teoria Musical e Solfejo", de Belmira Cardoso e Mário Mascarenhas, apresentado em 2 volumes.

    São duas matérias totalmente diferentes, que devem ser estudadas paralelamente: a Teoria Musical e o Mecanismo do Instrumento que neste caso é o Teclado.

Romeu e Julieta

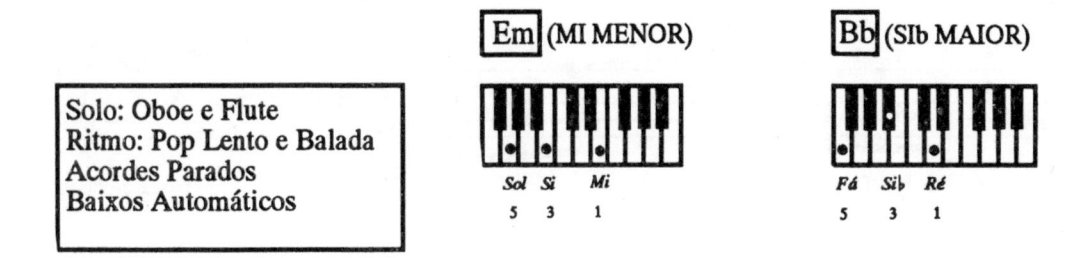

Pop Lento e Balada

Solo: Oboe e Flute
Ritmo: Pop Lento e Balada
Acordes Parados
Baixos Automáticos

Em (MI MENOR) — Sol Si Mi — 5 3 1

Bb (SIb MAIOR) — Fá Sib Ré — 5 3 1

NINO ROTA

Pop — **Lento**

Em: Lá Dó Si Mi
F: Mi Sol Mi Lá
Em: Lá Sol Fá Sol
Dm: Sol Fá Mi Ré — Mi Ré Dó Ré

Am: Mi
Em: Lá Dó Si Mi
F: Mi Sol Mi Lá
Dm: Lá Ré

Em: Si
Am: Mi Dó
Am: Si Lá Sol Dó Si Lá Sol
Em: Lá
Am: Dó

Balada

C: Mi
G: Dó Ré
Dm: Mi Fá
Am: Ré Mi Dó

Bb: Ré
F: Sib Dó
Em: Lá Si
Am: Sol Lá — Lá Dó Si

© 1968 B FAMOUS MUSIC CO/WARNER § CHAPPELL EDIÇÕES MUSICAIS LTDA.

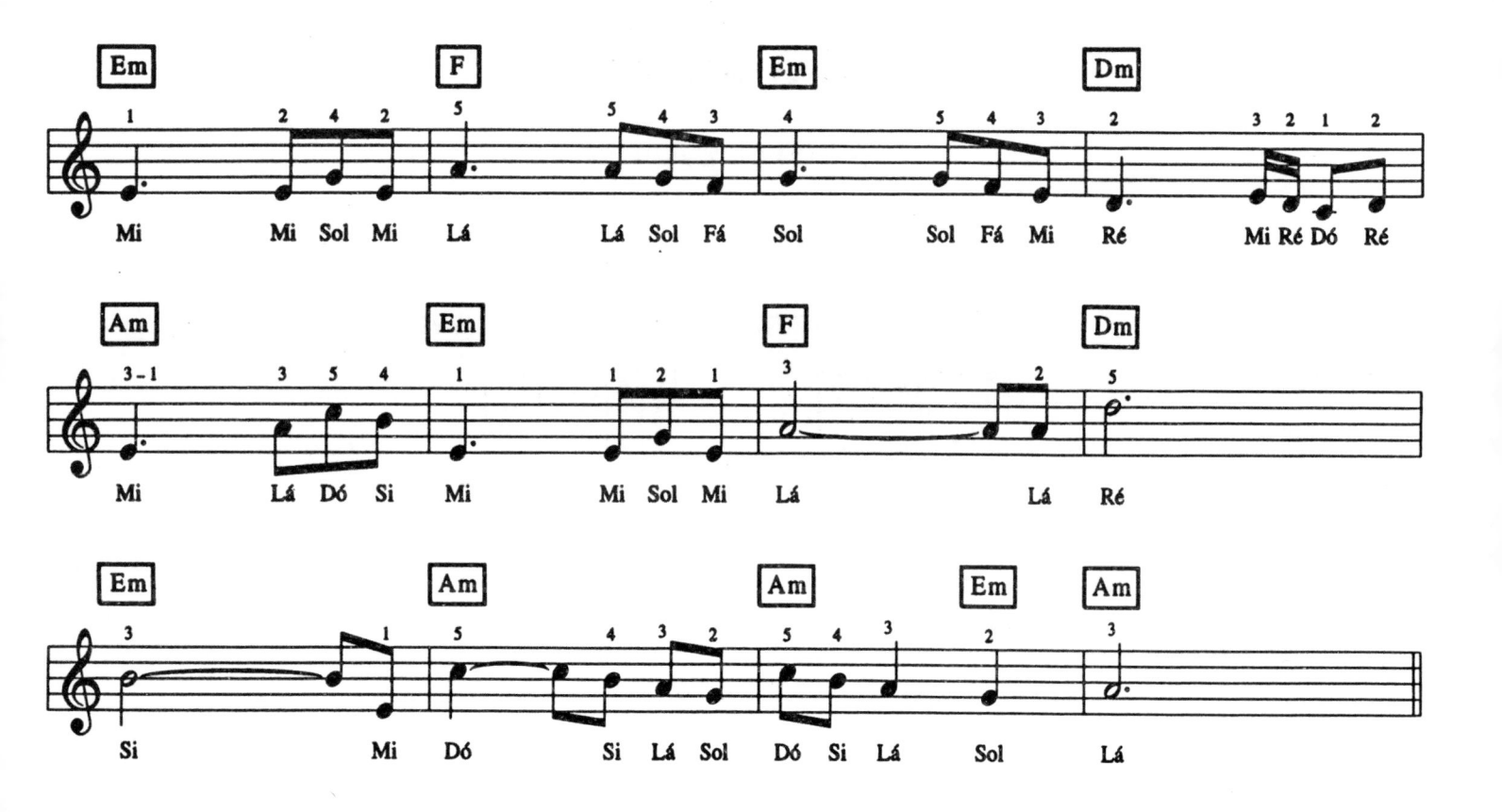

Como Simplificar as Cifras

Toda vez que você encontrar uma Cifra que não saiba executar, pode simplificá-la. Exemplo: se for C 13, E 11, D 9, Ab 11, etc., pode usar somente C 7, E 7, D 7, Ab 7, etc.

Se você não conhece os acordes de 7ª, quando encontrar C 7, Am 7, Bm 7, etc., pode usar só C, Am, Bm, tirando a 7ª.

Observação

Lembramos mais uma vez, que qualquer música ou álbum de músicas trazendo Cifras mais difíceis que você ainda não conhece, podem ser simplificadas seguindo a orientação acima.

Aconselho recorrer sempre ao Dicionário de Acordes Cifrados para Teclado, neste livro, a fim de conhecer novas Cifras e simplificá-las se achá-las difíceis. O ideal e correto é tocar as Cifras na íntegra, como elas são, ou seja, com todas as notas que as formam.

Too Young

(Cedo para Amar)

Solo: Horn
Ritmo: Blues
Acordes Parados
Baixos Automáticos

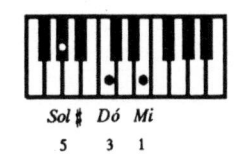

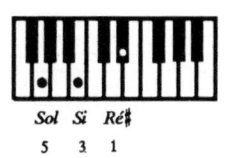

C5+ (DÓ 5ª AUMENTADA) Sol# Dó Mi 5 3 1

G5+ (SOL 5ª AUMENTADA) Sol Si Ré# 5 3 1

Procure ler os nomes das notas da Cifra, de baixo para cima.

Letra de SYLVIA DEE
Música de LIPPMAN

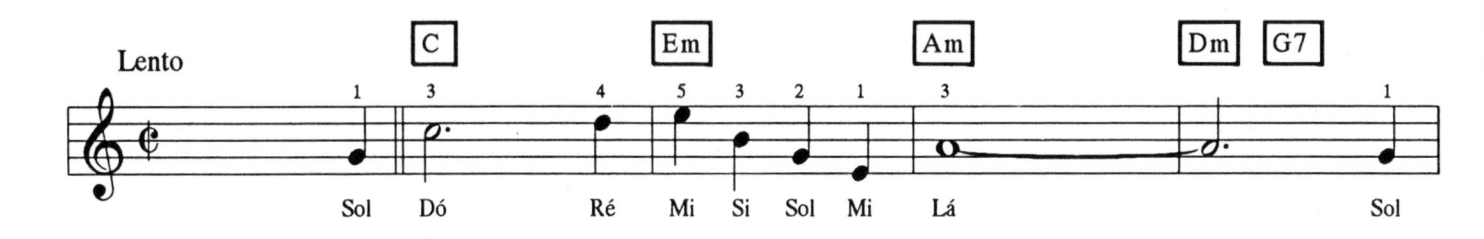

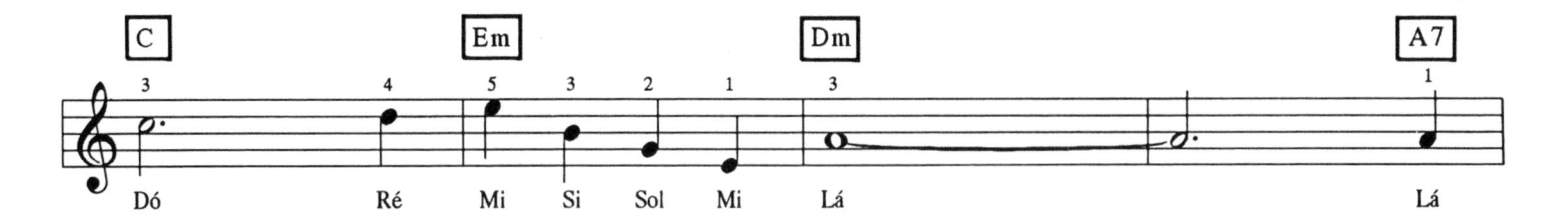

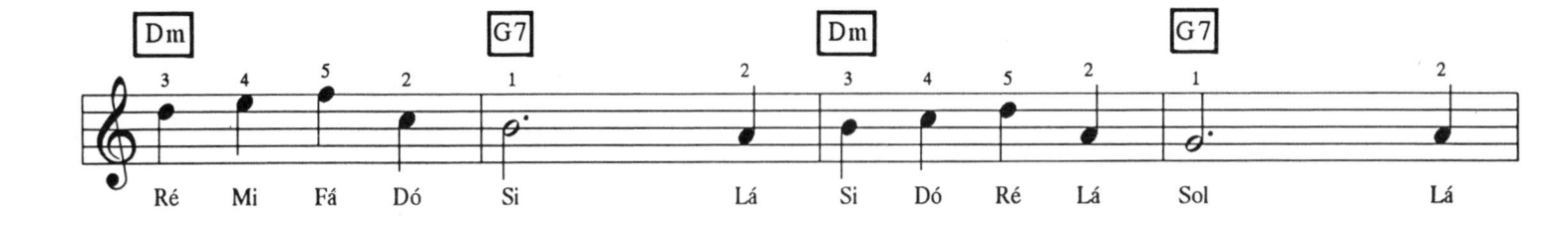

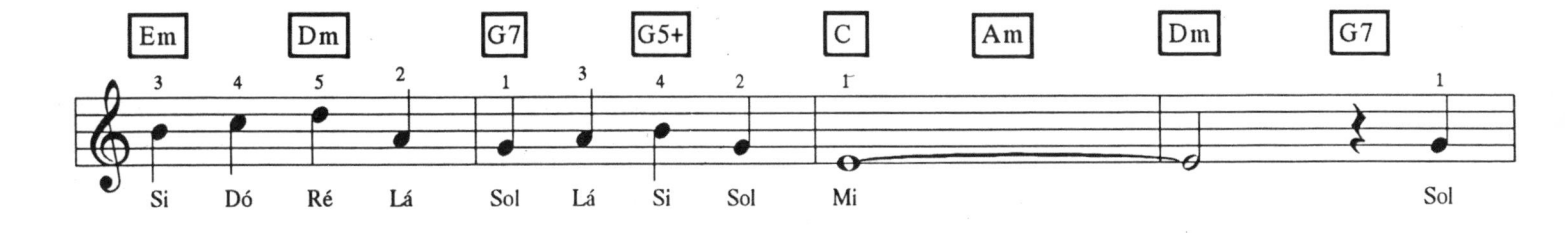

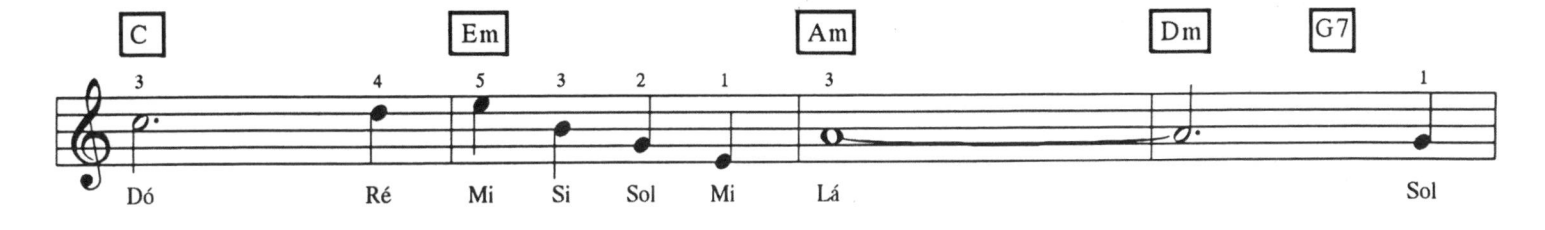

Lento

| C | Em | Am | Dm G7 |
Sol Dó — Ré Mi Si Sol Mi — Lá — — Sol

| C | Em | Dm | A7 |
Dó — Ré Mi Si Sol Mi — Lá — — Lá

| Dm | G7 | Dm | G7 |
Ré Mi Fá Dó Si — Lá Si Dó Ré Lá Sol Lá

| Em Dm | G7 G5+ | C Am | Dm G7 |
Si Dó Ré Lá Sol Lá Si Sol Mi — — Sol

| C | Em | Am | Dm G7 |
Dó — Ré Mi Si Sol Mi — Lá — — Sol

© 1951 By JEFFERSON MUSIC CO INC/ARIA MUSIC CO/FERMATA DO BRASIL.

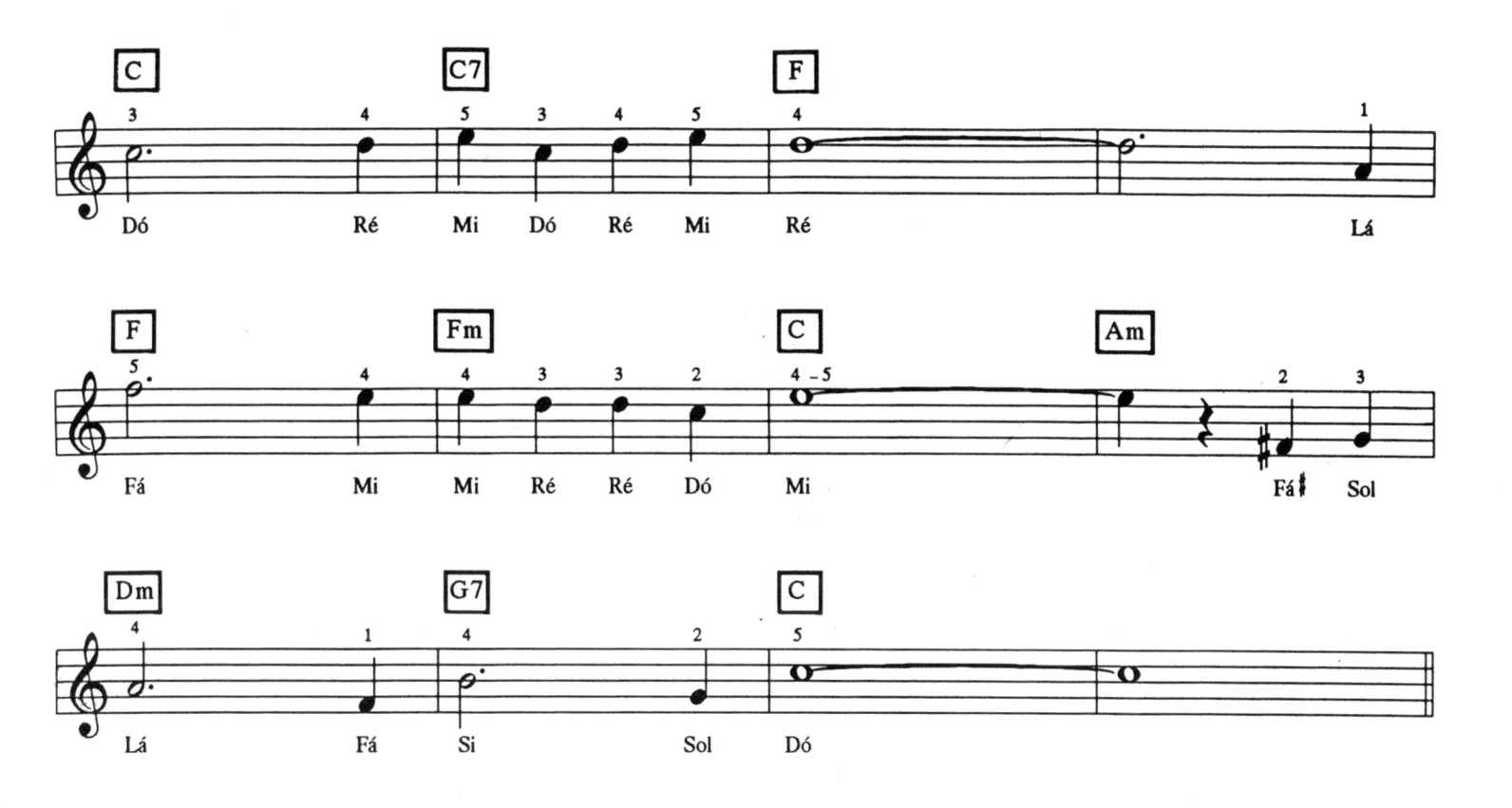

Sugestões de Registros

Os Registros (também denominados Programas em algumas marcas de sintetizadores), embelezam a música, dando o colorido e a dinâmica na sua interpretação através dos inúmeros Timbres e Recursos que o Teclado oferece.

Os Registros servem para emitir a grande variedade de sons característicos de cada instrumento, como também proporcionar o Ritmo (bateria eletrônica embutida), o Volume e o Tempo (Andamento). Seguem alguns Registros mais importantes que geralmente são escritos em inglês.

Registros de Instrumentos

Saxophone, Flute, Strings (Cordas), *Chimes* (Sinos), *Piano, Electric Organ, Harp* (Arpa), *Harpsichord* (Cravo), *Picolo* (Flautin), *Violin, Trombone, Oboe, Horn* (Trompa) e *Guitar* entre outros.

Registros Diversos

Rhythms (Registro de Ritmos), *Automatic Bass* (Baixos Automáticos), *Percussive* (Percussão), *Vibrato* ou *Tremolo* (Vibração rápida do som), *Duet* (Melodia em duas vozes), *Trio* (Melodia em três vozes), *Chorus* (Vibração lenta do som), *Syncro Start* (Início sincronizado da bateria com a execução da peça), *Presets* (Sons pré-programados de fábrica), *Bass Volume* (Volume do Baixo), *Transposer* (transposição automatizada para todos os tons), *Memory*, Etc.

Todos estes Registros dependem muito da marca do instrumento que o executante possui. É muito importante esclarecer que a escolha dos Registros fique exclusivamente a critério do tecladista, conforme sua inspiração.

Dó - Ré - Mi

Marcha

E7 (MI SÉTIMA)

Sol# Si Ré Mi
5   3 2 1

Solo: Vibraphone
Ritmo: Marcha
Acordes Parados
Baixos Automáticos

Quando você não souber algum acorde, procure-o no Dicionário de Acordes Cifrados e escreva os nomes das notas perto da Cifra que não sabe. Assim, com as notas escritas na música, não vai vacilar.

RICHARD RODGERS e
OSCAR HAMMERSTEIN

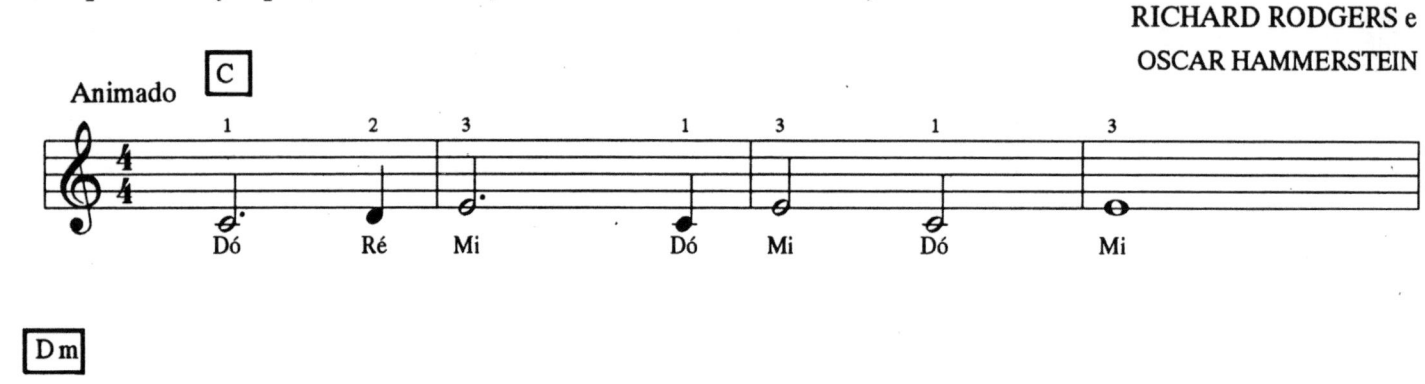

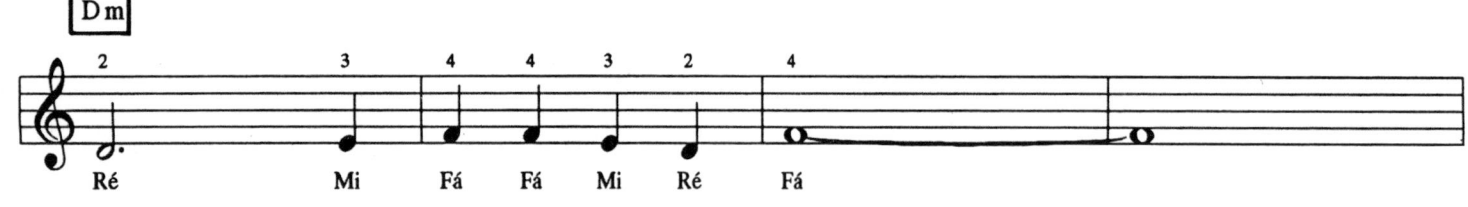

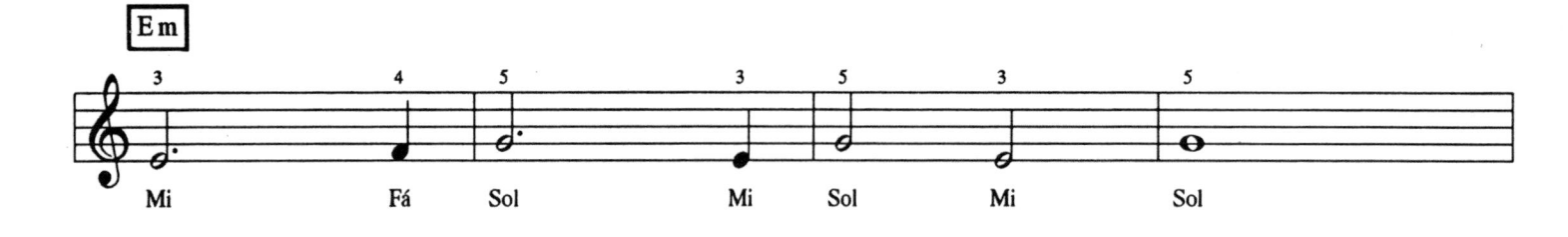

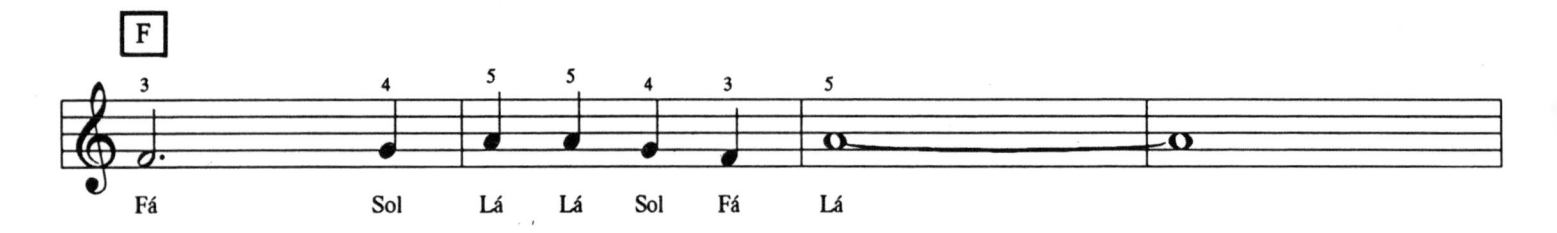

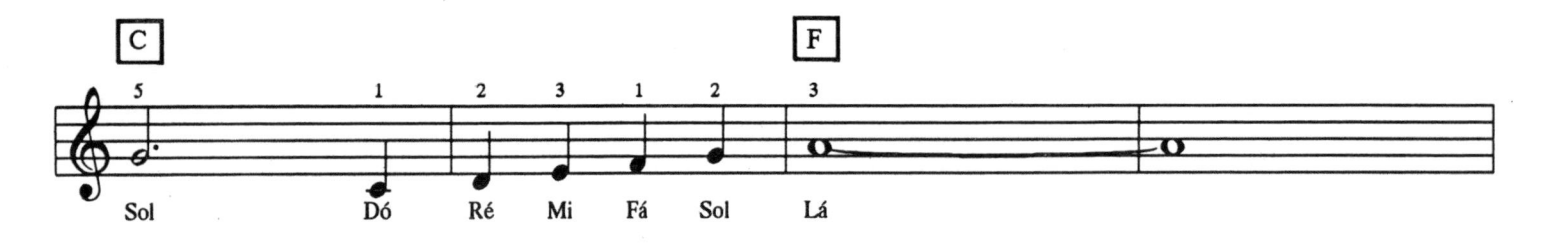

Animado **C**
Dó Ré Mi Dó Mi Dó Mi

Dm
Ré Mi Fá Fá Mi Ré Fá

Em
Mi Fá Sol Mi Sol Mi Sol

F
Fá Sol Lá Lá Sol Fá Lá

C   **F**
Sol Dó Ré Mi Fá Sol Lá

© 1959 By RICHARD RODGERS & OSCAR HAMMERSTEIN II/WARNER CHAPPELL ED. MUS. LTDA.

C
DÓ é pena de alguém,

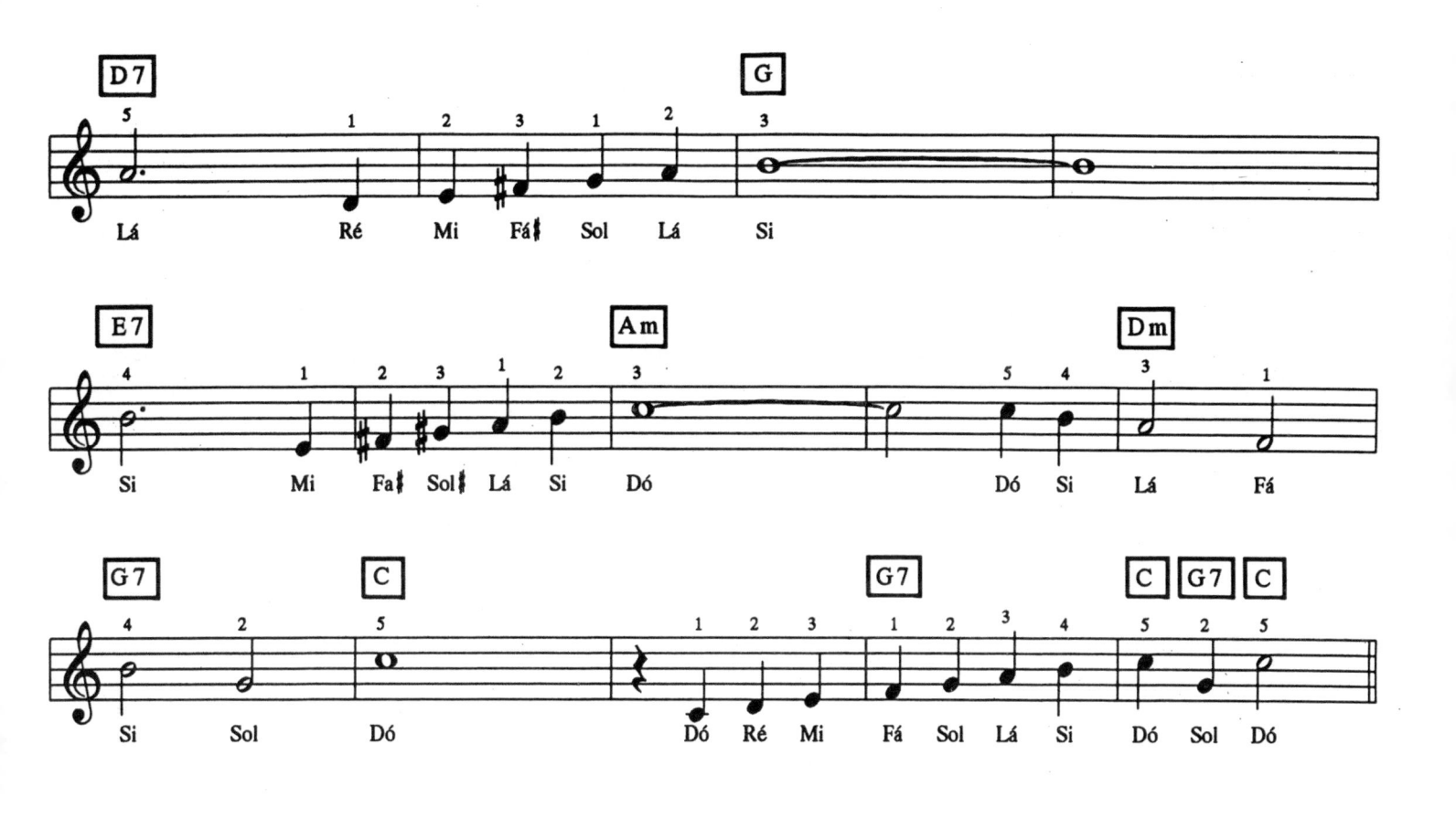

Dm
RÉ que anda para trás,

Em
MI pronome que não tem,

F
FÁ que falta que nos faz,

C   *F*
Sol é o nosso astro rei,

D7   *G*
LÁ tão longe que não sei,

E7   *Am*
SI início de sinal,

Dm   *G7*
E afinal chegou ao

C   *G7*   *C*   *G7*   *C*
DÓ RÉ MI FÁ SOL LÁ SI DÓ

De Ouvido

Notas Altas e Notas Baixas

Você que toca de ouvido, só olhando os nomes das notas, repare sempre o seguinte: Quando uma nota na pauta musical sobe, quer dizer que a nota que você está lendo também sobe, o que chamamos de Nota Alta.

Quando a nota desce na pauta, você também desce a nota que está lendo, o que chamamos de Nota Baixa.

Deste sobe e desce das notas é que resulta a Melodia. Se não fosse isto, todas as notas teriam o mesmo Som e Altura.

Over the Rainbow

(Sobre o Arco-Íris)

Solo: Clarinet
Ritmo: Fox
Acordes Parados
Baixos Automáticos

Música de HAROLD HARLEN

© Copyright 1938/1966 by EMI ROBBINS MUSIC/EMI CATALOGUE PARTNERSHIP
© Copyright Para o Brasil by EMI SONGS DO BRASIL ED. MUSICAIS INC. LTDA.

Yesterday

Solo: Flute
Ritmo: Fox
Acordes Parados
Baixos Automáticos

Em7 (MI MENOR SÉTIMA)
Sol Si Ré Mi
5 3 2 1

JOHN LENNON e
PAUL McCARTNEY

© Copyright 1965 By MACLEN MUSIC/LTD/WARNER CHAPPELL EDIÇÕES MUSICAIS LTDA (50%).
© 1965 By NORTHERN SONGS LTD/ATV MUSIC LTD/EMI SONGS LTD (UK)/SBK SONGS DO BRASIL EDIÇÕES MUSICAIS LTDA.

Pense em mim

Solo: Trumpet
Ritmo: Canção
Acordes Parados
Baixos Automáticos

DOUGLAS MAIO
JOSÉ RIBEIRO e
MÁRIO SOARES

I

C   Am
Em vez de você ficar pensando nele

C   Am
Em vez de você viver chorando por ele

BIS {
        F
Pense em mim

         G7
Chore por mim

        C
Liga prá mim

               Am
Não, liga prá ele
}

F G7   C
Prá ele, não chore por ele.

II

C
Se lembre que eu

                    Am
Há muito tempo te amo

       F   C
Te amo, te amo

                Am
Quero fazer você feliz

             F   G7
Vamos pegar o primeiro avião

        C   Am
Com destino à felicidade

          F   G7   C Am
A felicidade, prá mim é você.

Pense em mim, *etc.*

Solo: Folk Guitar
Ritmo: Marcha
Acordes Parados
Baixos Automáticos

Entre Tapas e Beijos

NILTON LAMAS e
ANTÔNIO BUENO

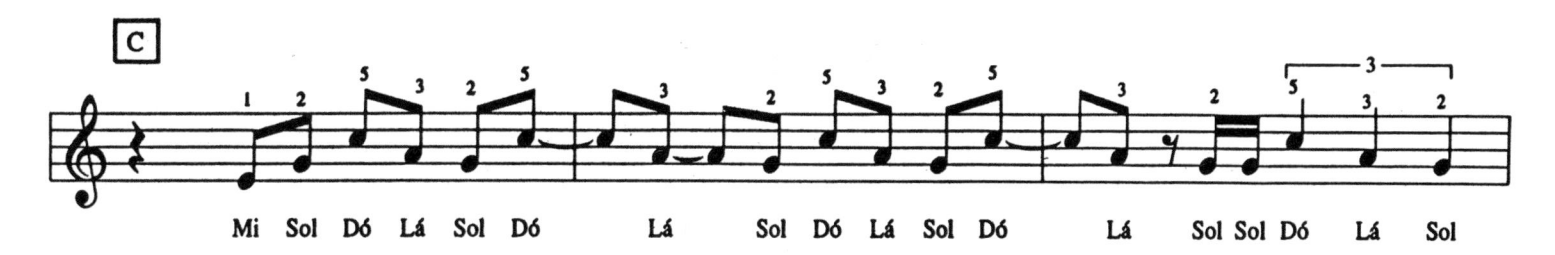

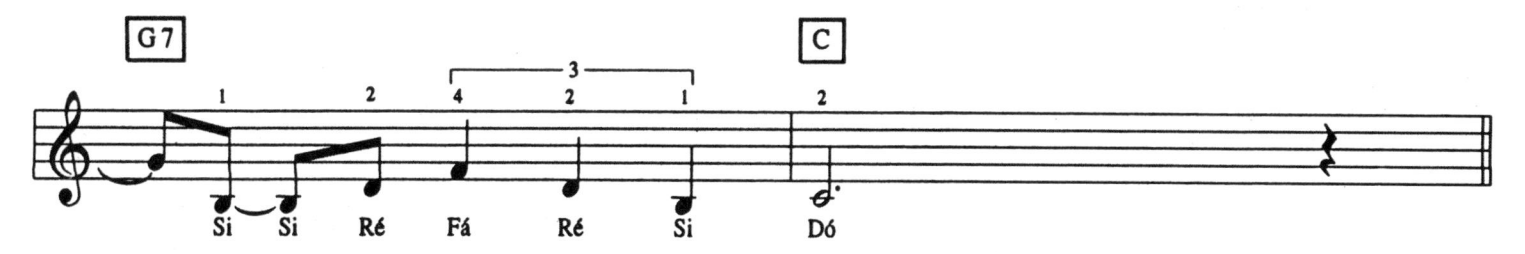

TOM - DÓ MAIOR
G7   C
Introdução: C   G7   C

Perguntaram prá mim [G7]
Se ainda gosto dela [C]
Respondi tenho ódio [G7]
[F] E morro de amor por ela [C]
Hoje estamos juntinhos [G7]
Amanhã nem te vejo [C]
Separando e voltando [G7]
A gente segue andando [F]
Entre tapas e beijos [C]
Eu sou dela e ela é minha [G7]
E sempre queremos mais [C]
Se me manda ir embora [G7]
Eu saio prá fora [F]
Ela me chama prá trás. [G7] [C]

Entre tapas e beijos [C]
É ódio e desejo
É sonho, é ternura [G7]
Um casal que se ama
É mesmo na cama [F]
Provoca loucuras [C]
E assim vou vivendo
Sofrendo e querendo
Este amor doentio [G7]
Mas se volto prá ela [F]
Meu mundo sem ela [G7]
Também é vazio [C]

Perguntaram por mim, etc. [G7]

La Vie en Rose

Canção

Solo: Strings
Ritmo: Canção
Acordes Parados
Baixos Automáticos

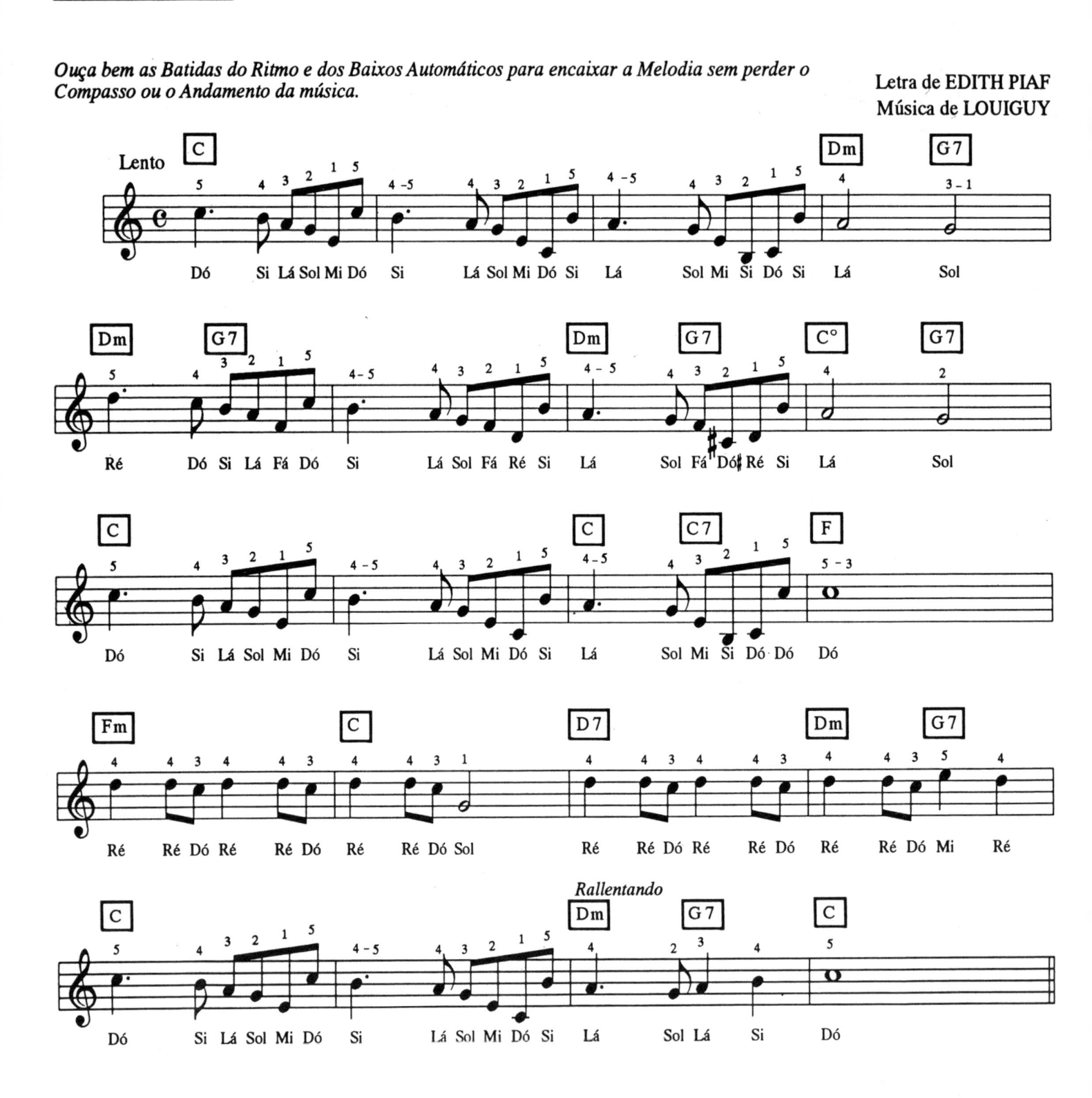

Ouça bem as Batidas do Ritmo e dos Baixos Automáticos para encaixar a Melodia sem perder o Compasso ou o Andamento da música.

Letra de EDITH PIAF
Música de LOUIGUY

© 1947 By Editions Arpege § Harms Inc § Warner/Chappell Edições Mus. Ltda.

Carruagens de Fogo

(Chariots of Fire)

VANGELIS

Solo: Strings
Ritmo: Balada
Acordes Parados
Baixos Automáticos

Summertime

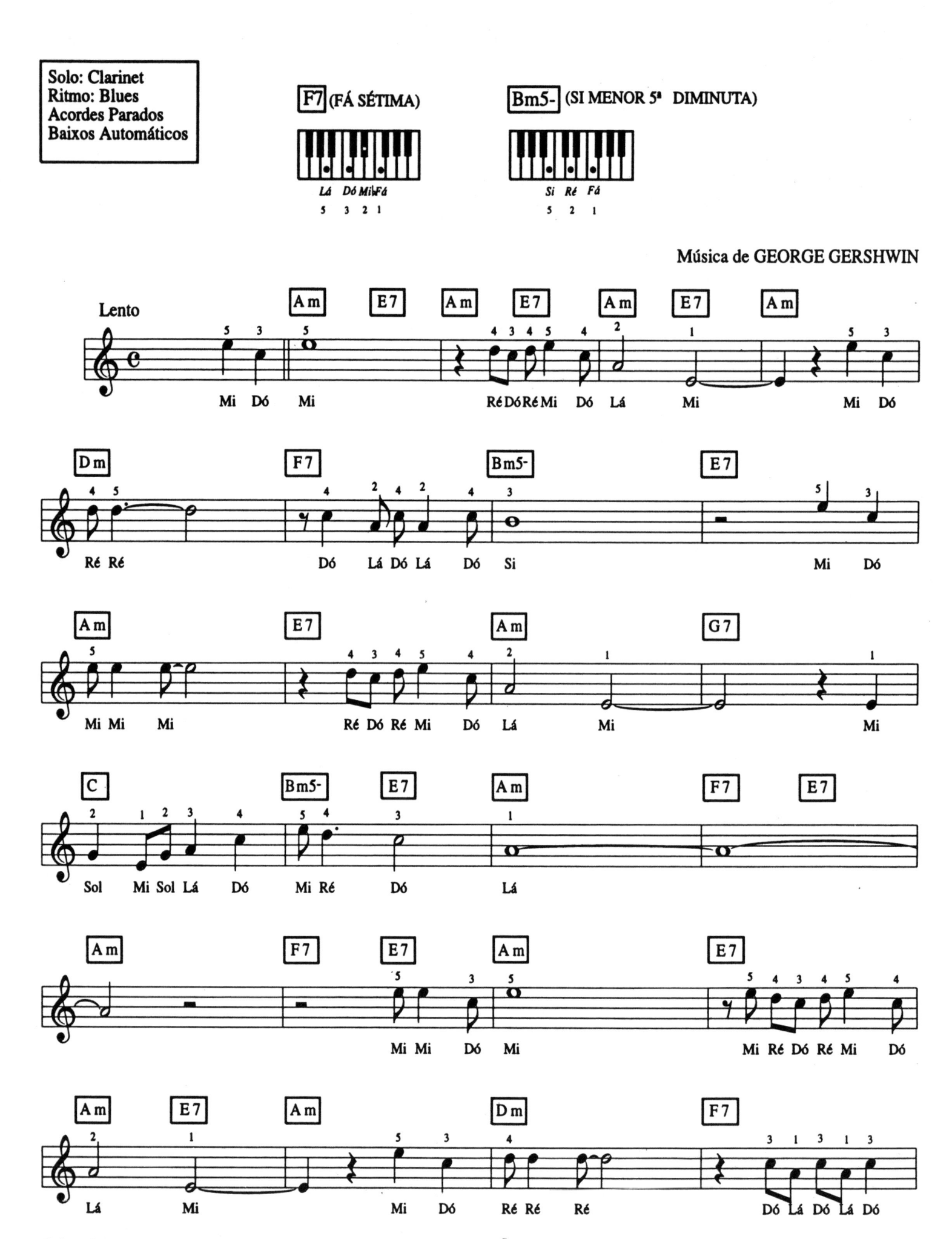

Solo: Clarinet
Ritmo: Blues
Acordes Parados
Baixos Automáticos

F7 (FÁ SÉTIMA) — Lá Dó Mi♭ Fá — 5 3 2 1

Bm5- (SI MENOR 5ª DIMINUTA) — Si Ré Fá — 5 2 1

Música de GEORGE GERSHWIN

© Copyright 1935 By GERSHWIN PUB. CORP/WARNER § CHAPPELL EDIÇÕES MUSICAIS LTDA.

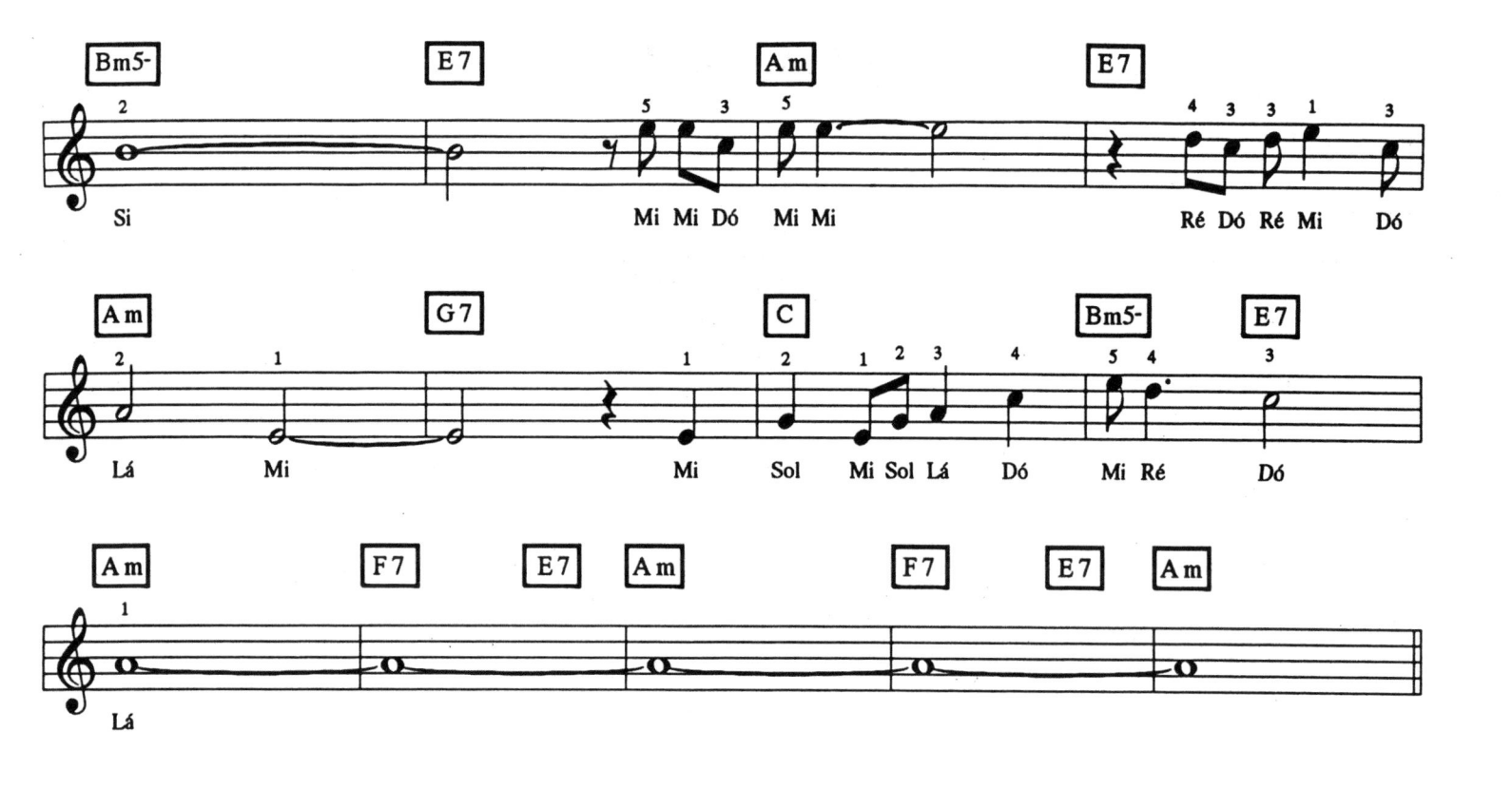

Single Finger

Há certas marcas de Teclado que dispõem de um interessante recurso chamado Single Finger, o qual permite tocar Acordes usando-se somente um dedo.

São eles: os Acordes Maiores, Menores, 7ª da Dominante e Menores com 7ª, em qualquer tonalidade. Este sistema varia dependendo do fabricante do Teclado, por isso, precisa-se recorrer ao Manual que acompanha o instrumento no ato de sua compra.

Tom e Semitom

Semitom - é a menor distância entre duas notas.

Tom - é o intervalo entre duas notas, constituído de dois Semitons.

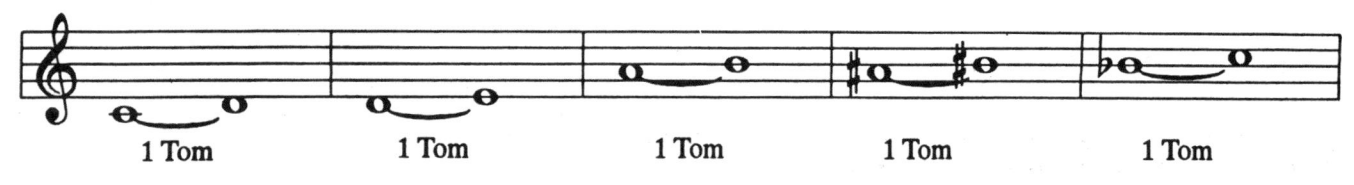

Memory

Solo: Strings
Ritmo: Balada
Acordes Parados
Baixos Automáticos

A7 (LÁ SÉTIMA)
Sol Lá Dó♯ Mi
5 4 2 1

ANDREW LLOYD
TREVOR NUM e
TI S. ELIOT

© Copyright 1981 by Thereally Useful Co. Ltd./Trevor Nunn/Set Copyright Ltd. Faber Music.
© Copyright Para o Brasil by Editora Musical "BMG ARABELLA" Ltda.

Fingered

Quando pressionamos um acorde de 3 ou mais notas, devemos segurá-lo até o fim de cada compasso, o que chamamos de Acorde Parado. O recurso *Fingered* é usado para produzir acompanhamento de Baixo, subordinado à qualquer acorde em todos os tons.

No momento em que você toca um acorde com a mão esquerda, o seu instrumento faz soar o Baixo Automático e o Registro de Ritmo (bateria eletrônica) com ele, oferecendo uma linha automática de Baixo, relativo ao Acorde que você tocou.

Como Tocar as Músicas de Órgão no Teclado

Não olhe nem toque as notas da Pedaleira do Órgão. O próprio Registro de Baixo Automático dará os Baixos relativos aos acordes que você tocar.

No Rancho Fundo

A (LÁ MAIOR)

Lá Dó# Mi
5 3 1

Solo: Harmonica
Ritmo: Samba Canção
Acordes Parados
Baixos Automáticos

ARY BARROSO e
LAMARTINE BABO

Lento

Lá Dó Dó Lá Lá Dó Lá Sol Sol Dó Sol Fá Fá Lá Fá

Mi Mi Lá Mi Ré Ré Fá Ré Mi Mi Fá Sol Lá Lá

Lá Dó Dó Lá Lá Dó Lá Sol Sol Dó Sol Fá Fá Ré Ré

Dó# Dó# Ré Mi Mi Ré Ré Ré Dó Dó Si♭ Si♭ Lá Lá

Dó Ré Dó Ré Ré Ré Dó Ré Dó Si♭ Lá Si♭ Si♭ Lá Si♭

© Copyright da Editorial Mangione S.A.
Sucessora de E.S. Mangione, São Paulo - Rio de Janeiro - Brasil
Todos os direitos autorais reservados para todos os países do mundo - All rights reserved.

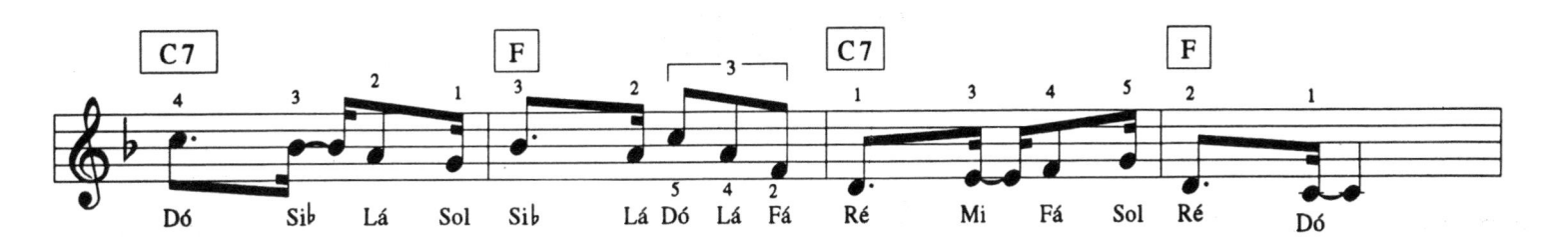

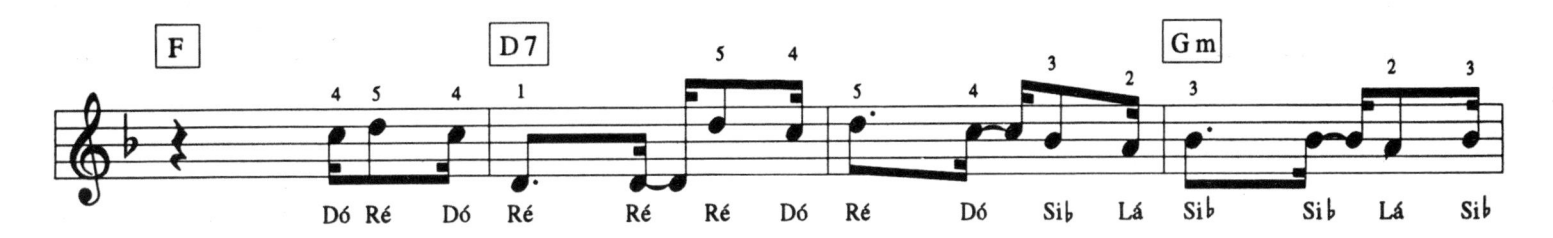

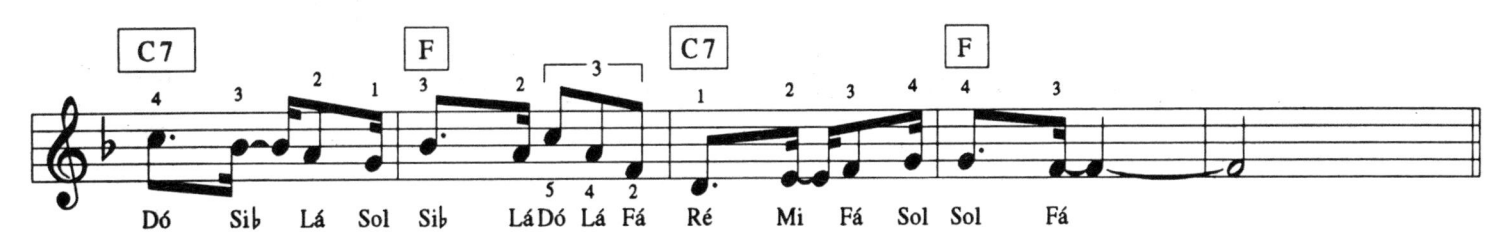

TOM - FÁ MAIOR
F C7 F
Introdução: F C7 F

I

F
No Rancho Fundo
  A7   Dm
Bem pra lá do fim do mundo
  Am   Bb
Onde a dor e a saudade
  C7   F
Contam coisas da cidade
  F
No Rancho Fundo
  A7   Dm
De olhar triste e profundo
  A   Bb
Um moreno conta as mágoas
  C7   F
Tendo os olhos rasos d'água
F   D7
Pobre moreno
  D7   Gm
Que de tarde no sereno
  C7   F
Espera a lua no terreiro
    C7   F
Tendo um cigarro por companheiro
F   D7
Sem um aceno
  D7   Gm
Ele pega na viola
  C7   F
E a lua por esmola
    C7   F
Vem pro quintal desse moreno.

II

F
No Rancho Fundo
  A7   Dm
Bem pra lá do fim do mundo
  Am   Bb
Nunca mais houve alegria
  C7   F
Nem de noite nem de dia!
  F
Os arvoredos
  A7   Dm
Já não contam mais segredos
  Am   Bb
E a última palmeira
  C7   F
Já morreu na cordilheira!
F   D7
Os passarinhos
  D7   Gm
Internaram-se nos ninhos
  C7   F
De tão triste essa tristeza
  C7   F
Enche de trevas a natureza!
F   D7
Tudo por quê?
  D7   Gm
Só por causa do moreno
  C7   F
Que era grande hoje é pequeno
  C7   F
Para uma casa de sapé.

III

F
Se Deus soubesse
  A7   Dm
Da tristeza lá na serra
  Am   Bb
Mandaria, lá para cima
  C7   F
Todo o amor que há na terra...
  F
Porque o moreno
  A7   Dm
Vive louco de saudade
  Am   Bb
Só por causa do veneno
  C7   F
Das mulheres da cidade
F   D7
Ele que era
  D7   Gm
O cantor da primavera
  C7   F
Que até fez do Rancho Fundo
  C7   F
O céu melhor que há no mundo
F   D7
O sol queimando
        Gm
Se uma flor lá desabrocha
  C7   F
A montanha vai gelando
  C7   F
Lembrando o aroma da cabrocha!

Pour Elise

Solo: Piano
Desligar o Ritmo e os
Baixos Automáticos
Ritmo na mão esquerda

Quando o
Teclado vira Piano
tocar com
Acordes Arpejados

L. VAN BEETHOVEN

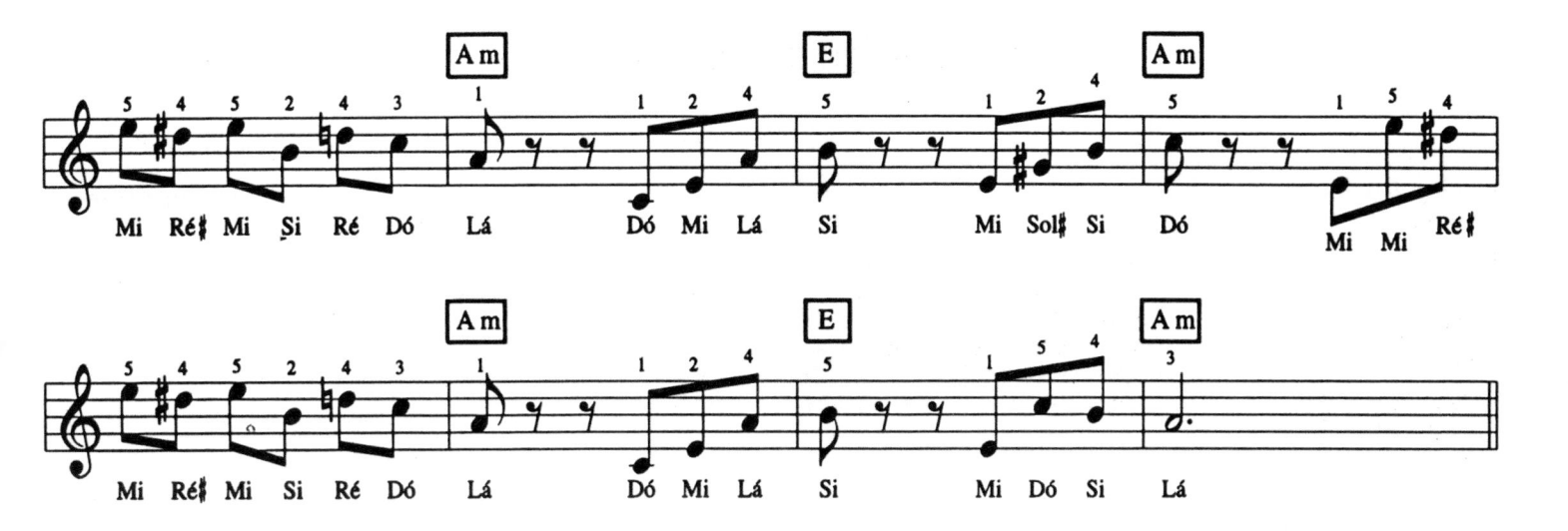

Quando o Teclado "vira" Piano

Os tecladistas profissionais que tocam em festas, bailes, gravações de discos, etc., dizem que desligando-se o Registro de Ritmos e o Registro de Baixos Automáticos, o Teclado "vira" Piano. Depois, ligando-se o Registro de Instrumento para Piano (*preset* de Piano), as notas passarão a soar sem interferência dos acompanhamentos automáticos.

Cifras Arpejadas

Se quiser tocar a música Pour Elise quando o Teclado "vira" Piano, deve movimentar a mão esquerda com Cifras Arpejadas. Ao invés de tocar as notas simultaneamente, execute as Cifras com notas sucessivas, isto é, uma após outra e não todas juntas como no Acorde Parado.

Exemplo: Pour Elise com os Acordes Arpejados

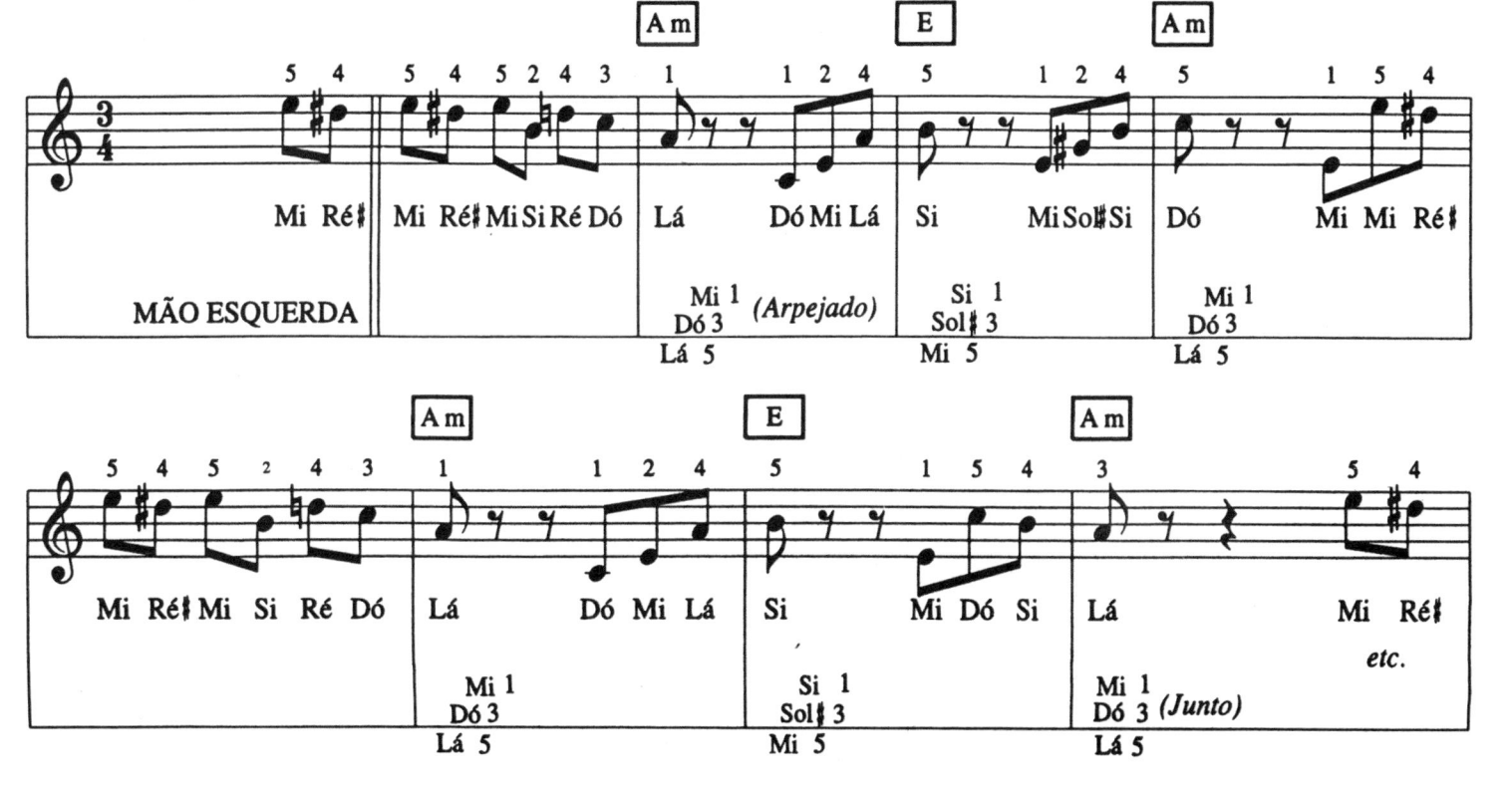

Aquarela do Brasil

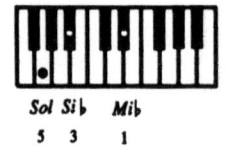

Samba Estilizado

Homenagem à Ary Barroso

Não podia terminar este livro sem prestar uma justa homenagem a este consagrado compositor Ary Barroso, por suas lindíssimas obras musicais que encantam o Brasil e todo mundo.
Como mineiro que também sou, sinto-me feliz ao relembrar aqui sua majestosa "Aquarela do Brasil" onde tão bem soube transmitir a todos os povos o Ritmo, a Alegria e a Alma do brasileiro!

Mário Mascarenhas

ARY BARROSO

Solo: Piano
Vide instruções na página seguinte

Eb (MIb MAIOR)

Nos 8 primeiros compassos, tocar os Tá Tá Tá juntos com os acordes das cifras

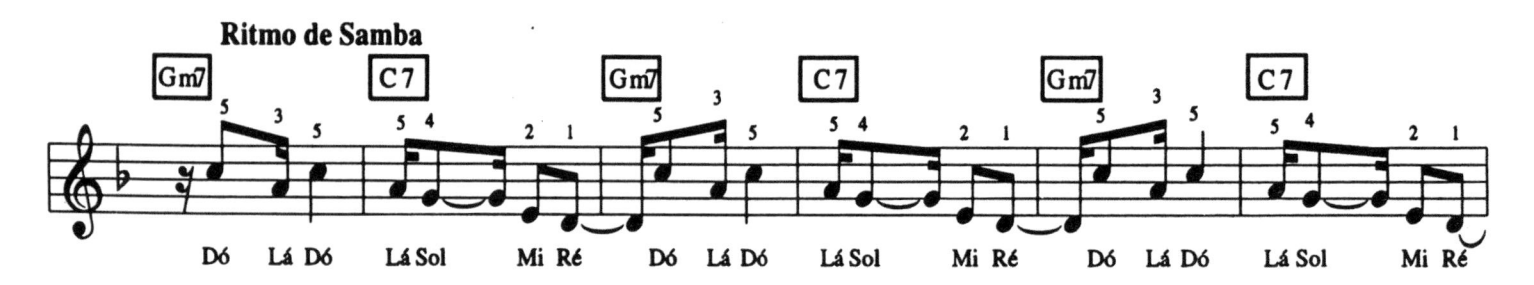

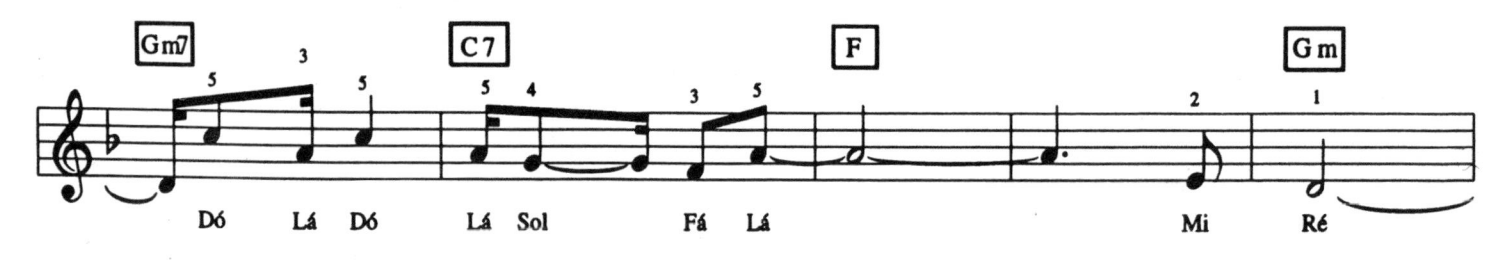

© Copyright 1939 by Irmãos Vitale S/A. Ind. e Com. - São Paulo - Rio de Janeiro - Brasil.
Todos os direitos autorais reservados para todos os países - All rights reserved.

Na 1ª parte de "Aquarela do Brasil", nos 8 primeiros compassos, vamos usar o Teclado com som de Piano, desligando os Registros de Ritmo e de Baixos Automáticos porque esta parte é descritiva, sem ritmo. Quando entrar no "Ritmo de Samba", no 9º compasso, ligue rapidamente os registros de Ritmo e Baixo Automático, tocando com Acordes Parados, voltando assim, às funções automáticas do Teclado.

Si♭ Lá Sol♯ Lá Dó
Dó Dó Si
Si♭ Lá Sol♯ Lá Dó
Gm Eb Gm
Dó Dó Si
Si♭ Lá Sol♯ Lá
(opcional)
Si♭ Ré Dó♯ Ré Mi♭ Ré Mi♭ Mi Fá Mi
Eb Gm B♭m
Mi♭ Fá Mi♭
Si♭ Ré
Si♭ Si♭ Lá Lá Sol Fá Mi Sol
G7 Gm
Fá Sol Lá Dó Lá Fá Fá
Sol Sol Sol
C7 F Gm C7 F
Sol Sol Fá Lá Mi Ré Mi Lá
Gm C7 F
f
Mi Ré Mi
Lá Dó Dó♯ Ré Dó Dó♯ Ré Dó Dó♯ Ré
Fá Ré Dó Lá
Fá Ré Dó Lá
Fá Ré Dó Lá

```
TOM - FÁ MAIOR
F   C7   F
Introdução: F  Fm  F  Eb7  D7
```

       F
Brasil!

         Fm
Meu Brasil brasileiro

        F
Meu mulato inzoneiro

                    Eb7   D7
Vou cantar-te nos meus v e r s o s

 Gm   C7
Ô Brasil, samba que dá

 Gm7   C7
Bamboleio, que faz gingá

 Gm7   C7
Ô Brasil, do meu amor

 Gm7   C7   F
Terra de Nosso Senhor

     Gm   C7
Brasil!

     F
Brasil!

     Gm   C7
Pra mim...

     F
Pra mim...

    F   Gm
Ô abre a cortina do passado

Tira a mãe preta do serrado

                  F
Bota o rei congo no congado

    Gm
Brasil!

     F   F E7 Eb7
Brasil!

 D7
Deixa... cantar de novo o trovador

A merencória luz da lua

                     Gm   Eb Gm Eb
Toda a canção do meu amor

 Gm   Bbm   F
Quero   ver a "sá dona" caminhando

              G7
Pelos salões arrastando

 Gm   C7   F
O seu vestido rendado

     Gm   C7
Brasil!

     F
Brasil!

     Gm   C7
Pra mim...

     F
Pra mim...

       F
Brasil!

          Fm
Terra boa e gostosa

         F
A moreninha sestrosa

               Eb7   D7
De olhar indis...cre...to

 Gm7   C7
Ô Brasil, verde que dá

 Gm7   C7
Para o mundo se admirá

 Gm7   C7
Ô Brasil do meu amor

 Gm7   C7   F
Terra de Nosso Senhor

     Gm   C7
Brasil!

     F
Brasil!

     Gm   C7
Pra mim...

     F
Pra mim...

    F   Gm
Ô esse coqueiro que dá côco

Oi, onde amarro a minha rede

                  F
Nas noites claras de luar

    Gm
Brasil!

     F   F E7 Eb7
Brasil!

 D7
Ô oi essas fontes murmurantes

Oi onde eu mato minha sêde

                     Gm   Eb Gm Eb
E onde a lua vem brincar

 Gm   Bbm   F
Oi,   esse Brasil lindo e trigueiro

              G7
É o meu Brasil brasileiro

 Gm   C7   F
Terra de samba e pandeiro

     Gm   C7
Brasil!

     F
Brasil!

     Gm   C7
Pra mim...

     F
Pra mim...

Dicionário de Ritmos Básicos Populares

Estes são os Ritmos Básicos para você tocar qualquer "Batida" de Música. São inúmeros os ritmos, porém, aqui apresento os mais usados atualmente. Isto é bom também para os estrangeiros que têm uma imensa vontade de conhecer e tocar os nossos ritmos populares.

Estes ritmos apresentados são justamente "Quando o Teclado vira Piano", isto é, quando desliga-se os Registros de Ritmos e os Baixos Automáticos e você precisa executar o ritmo com a mão esquerda.

Os exemplos abaixo são todos em DÓ Maior.

Nos exemplos abaixo, os Acordes estão colocados acima da linha e os Baixos abaixo da linha. No lugar de 5 linhas, os exemplos são apresentados numa só linha, com os nomes das notas em cada Acorde ou Baixo.

VALSA
F: Fundamental e **BA**: Baixos Alternados

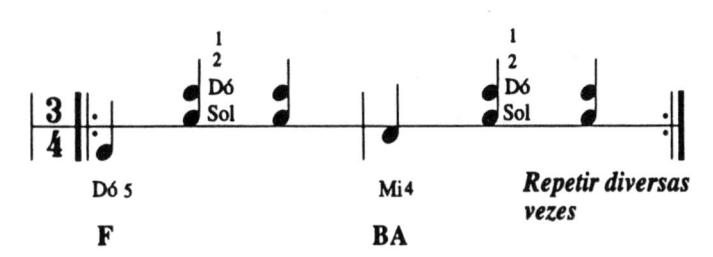

BAIÃO
Nos acordes que têm duas barras, chamamos de Quebradinho.

CANÇÃO

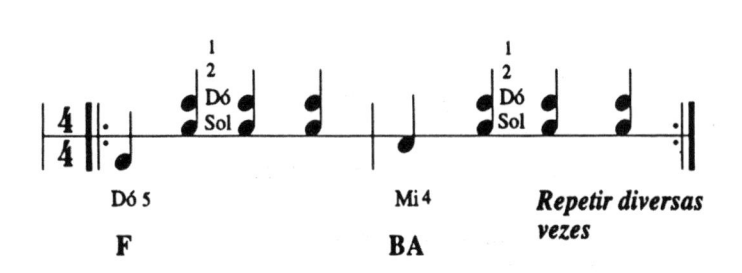

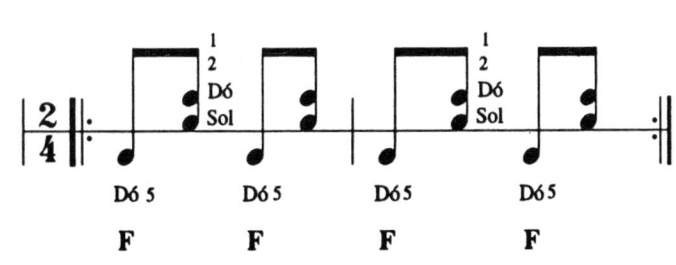

ROCK
No Rock não tem Baixos Alternados

MARCHA

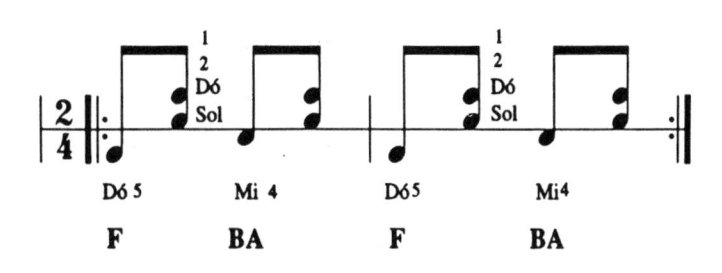

BALADA

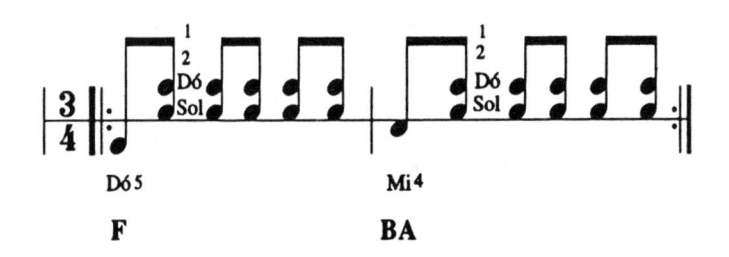

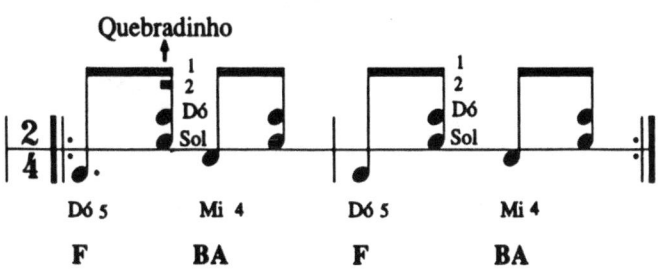

MARCHA RANCHO
Repare que no Ritmo de Marcha Rancho um compasso é Baião e o outro Marcha.

GUARÂNIA

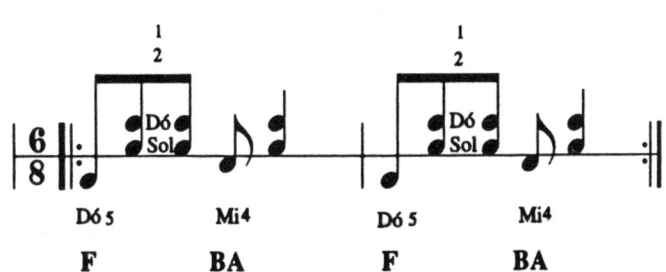

YÊ - YÊ - YÊ

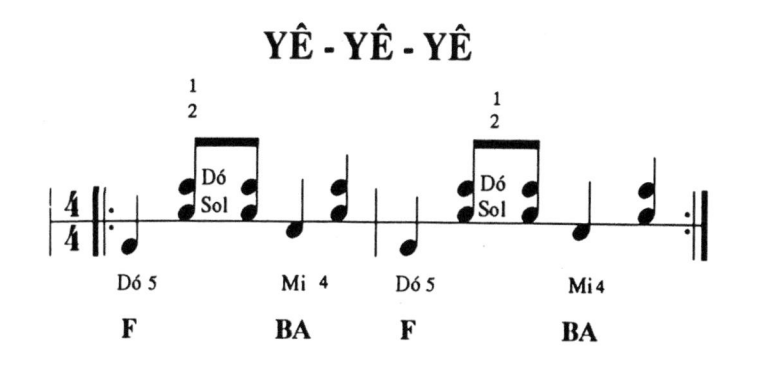

SAMBA CHORO

BOLERO

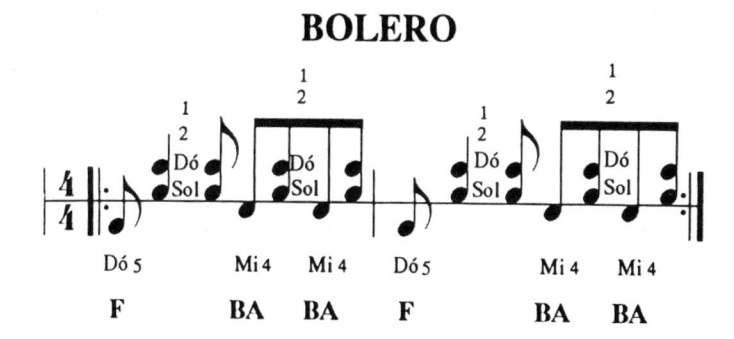

SAMBÃO

BLUES, FOX e JAZZ

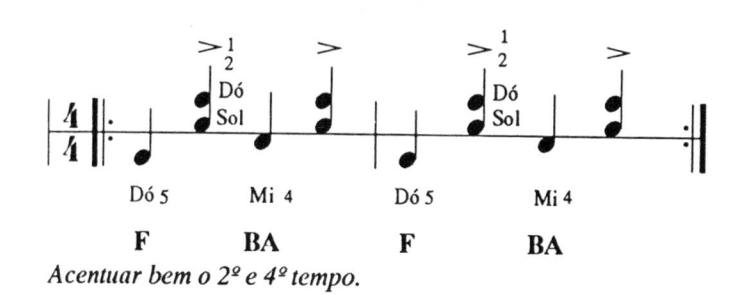

Acentuar bem o 2º e 4º tempo.

BOSSA NOVA
(1ª Forma)

Há diversas formas mais sincopadas.

SAMBA - CANÇÃO

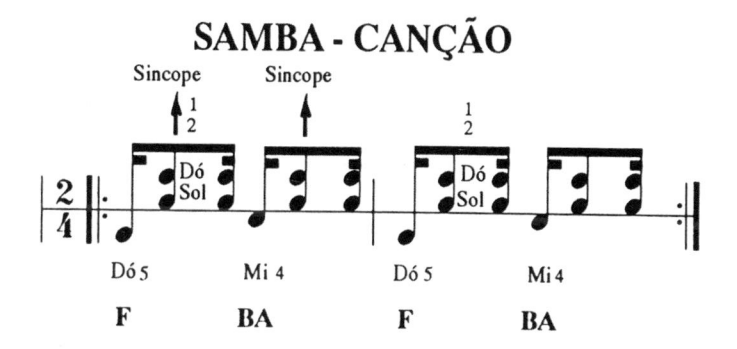

BOSSA NOVA
(2ª Forma)

O ritmo da Bossa Nova revolucionou o mundo inteiro.

SAMBA MODERNO

O segredo do Samba está nas Sincopes.

CHACUNDUM

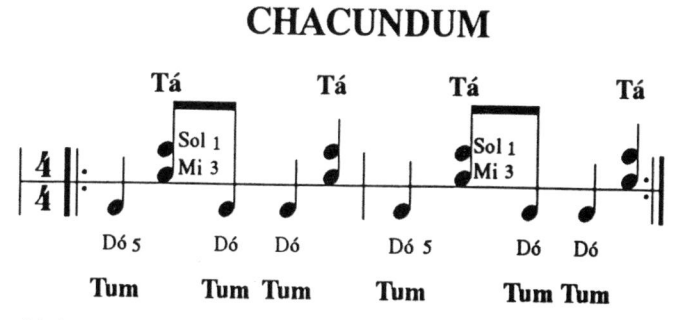

Muito usado na Música jovem. Os dois Tum Tum devem ser bem firmes.

Dicionário de Acordes Cifrados para Teclado

Mão Esquerda

C - DÓ

C	Cm	C5+	Cm5-	C6	C7
SOL DÓ MI	SOL DÓ MI♭	SOL♯ DÓ MI	SOL♭ DÓ MI♭	SOL LÁ DÓ MI	SOL SI♭ DÓ MI

C° ou Cdim	C7M	Cm7	C9	C11	C13
SOL♭ LÁ DÓ MI♭	SOL SI DÓ MI	SOL SI♭ DÓ MI♭	SOL SI♭ RÉ MI	SOL SI♭ RÉ FÁ	FÁ LÁ SI♭ RÉ

G - SOL

G	Gm	G5+	Gm5-	G6	G7
SOL SI RÉ	SOL SI♭ RÉ	SOL SI RÉ♯	SOL SI♭ RÉ♭	SOL SI RÉ MI	SOL SI RÉ FÁ

G° ou Gdim	G7M	Gm7	G9	G11	G13
SOL SI♭ RÉ♭ MI	FÁ♯ SOL SI RÉ	SOL SI♭ RÉ FÁ	LÁ SI RÉ FÁ	FÁ LÁ DÓ RÉ	FÁ LÁ DÓ MI

D - RÉ

D	Dm	D5+	Dm5-	D6	D7
FÁ♯ LÁ RÉ	LÁ RÉ FÁ	FÁ♯ LÁ♯ RÉ	FÁ LÁ♭ RÉ	FÁ♯ LÁ SI RÉ	FÁ♯ LÁ DÓ RÉ

D° ou Ddim	D7M	Dm7	D9	D11	D13
LÁ♭ SI RÉ FÁ	FÁ♯ LÁ DÓ♯ RÉ	LÁ DÓ RÉ FÁ	FÁ♯ LÁ DÓ MI	SOL LÁ DÓ MI	SOL SI DÓ MI

A - LÁ

A	Am	A5+	Am5-	A6	A7
LÁ DÓ♯ MI	LÁ DÓ MI	LÁ DÓ♯ MI♯	LÁ DÓ MI♭	FÁ♯ LÁ DÓ♯ MI	SOL LÁ DÓ♯ MI

A° ou Adim	A7M	Am7	A9	A11	A13
FÁ♯ LÁ DÓ MI♭	SOL♯ LÁ DÓ♯ MI	SOL LÁ DÓ MI	SOL SI DÓ♯ MI	SOL SI RÉ MI	SOL SI RÉ FÁ♯

58

Dicionário de Acordes Cifrados para Teclado

Mão Esquerda

E - MI

E	Em	E5+	Em5-	E6	E7
SOL♯ SI MI	SOL SI MI	SOL♯ SI♯ MI	SOL SI♭ MI	SOL♯ SI DÓ♯ MI	SOL♯ SI RÉ MI

E° ou Edim	E7M	Em7	E9	E11	E13
SOL SI♭ DÓ MI	SOL♯ SI RÉ♯ MI	SOL SI RÉ MI	SOL♯ SI RÉ FÁ♯	FÁ♯ LÁ SI RÉ	LÁ DÓ♯ RÉ FÁ♯

B - SI

B	Bm	B5+	Bm5-	B6	B7
FÁ♯ SI RÉ♯	FÁ♯ SI RÉ	FÁx SI RÉ♯	FÁ SI RÉ	FÁ♯ SOL♯ SI RÉ♯	FÁ♯ LÁ SI RÉ♯

B° ou Bdim	B7M	Bm7	B9	B11	B13
SOL♯ SI RÉ FÁ	FÁ♯ LÁ♯ SI RÉ♯	FÁ♯ LÁ SI RÉ	FÁ♯ LÁ DÓ♯ RÉ♯	FÁ♯ LÁ DÓ♯ MI	SOL♯ LÁ DÓ♯ MI

F♯ - FÁ♯ igual a G♭ - SOL♭

F♯	F♯m	F♯5+	F♯m5-	F♯6	F♯7
FÁ♯ LÁ♯ DÓ♯	FÁ♯ LÁ DÓ♯	FÁ♯ LÁ♯ DÓx	FÁ♯ LÁ DÓ	FÁ♯ LÁ♯ DÓ♯ RÉ♯	FÁ♯ LÁ♯ DÓ♯ MI

F♯° ou F♯dim	F♯7M	F♯m7	F♯9	F♯11	F♯13
FÁ♯ LÁ DÓ MI♭	FÁ♯ LÁ♯ DÓ♯ MI♯	FÁ♯ LÁ DÓ♯ MI	SOL♯ LÁ♯ DÓ♯ MI	SOL♯ SI DÓ♯ MI	SOL♯ SI RÉ♯ MI

F - FÁ

F	Fm	F5+	Fm5-	F6	F7
LÁ DÓ FÁ	LÁ♭ DÓ FÁ	LÁ DÓ♯ FÁ	LÁ♭ DÓ♭ FÁ	LÁ DÓ RÉ FÁ	LÁ DÓ MI♭ FÁ

F° ou Fdim	F7M	Fm7	F9	F11	F13
LÁ♭ SI RÉ FÁ	FÁ LÁ DÓ MI	LÁ♭ DÓ MI♭ FÁ	SOL LÁ DÓ MI♭	SOL SI♭ DÓ MI♭	SOL SI♭ RÉ MI♭

Dicionário de Acordes Cifrados para Teclado

Mão Esquerda

Bb - SIb

Bb	Bbm	Bb5+	Bbm5-	Bb6	Bb7
FÁ SIb RÉ	FÁ SIb RÉb	FÁ SIb RÉ	SIb RÉb FÁb	FÁ SOL SIb RÉ	FÁ LÁb SIb RÉ

Bb° ou Bbdim	Bb7M	Bbm7	Bb9	Bb11	Bb13
SOL SIb RÉb MI	FÁ LÁ SIb RÉ	LÁb SIb RÉb FÁ	FÁ LÁb DÓ RÉ	FÁ LÁb DÓ MIb	SOL LÁb DÓ MIb

Eb - MIb

Eb	Ebm	Eb5+	Ebm5-	Eb6	Eb7
SOL SIb MIb	SOLb SIb MIb	SOL SI MIb	SOLb SIbb MIb	SOL SIb DÓ MIb	SOL SIb RÉb MIb

Eb° ou Ebdim	Eb7M	Ebm7	Eb9	Eb11	Eb13
SOLb LÁ DÓ MIb	SOL SIb RÉ MIb	SOLb SIb RÉb MIb	SOL SIb RÉb FÁ	LÁb SIb RÉb FÁ	LÁb DÓ RÉb FÁ

Ab - LÁb igual a G# - SOL#

Ab	Abm	Ab5+	Abm5-	Ab6	Ab7
LÁb DÓ MIb	LÁb DÓb MIb	LÁb DÓ MI	LÁb DÓb MIbb	LÁb DÓ MIb FÁ	SOLb LÁb DÓ MIb

Ab° ou Abdim	Ab7M	Abm7	Ab9	Ab11	Ab13
LÁb DÓb RÉ FÁ	SOL LÁb DÓ MIb	LÁb DÓb MIb SOLb	SOLb SIb DÓ MIb	SOLb SIb RÉb MIb	SOLb SIb RÉb FÁ

Db - RÉb igual a C# - DÓ#

Db	Dbm	Db5+	Dbm5-	Db6	Db7
LÁb RÉb FÁ	LÁb RÉb FÁb	LÁ RÉb FÁ	LÁbb RÉb FÁb	LÁb SIb RÉb FÁ	LÁb DÓb RÉb FÁ

Db° ou Dbdim	Db7M	Dbm7	Db9	Db11	Db13
LÁbb SIb RÉb FÁb	LÁb DÓ RÉb FÁ	LÁb DÓb RÉb FÁb	FÁ LÁb DÓb MIb	SOLb LÁb DÓb MIb	SOLb SIb DÓb MIb

Como encontrar músicas para o seu Teclado

Faça o seu Belo Repertório

Assim que você terminar este livro, não precisa se preocupar como encontrar mais músicas para tocar no seu Teclado.

Basta seguir as orientações abaixo, que terá o melhor repertório possível, tanto de Músicas Populares Brasileiras e Estrangeiras como Músicas Clássicas facilitadas.

Obras de Mário Mascarenhas, ótimas para serem tocadas no Teclado:

1- O Melhor da Música Popular Brasileira - 1000 músicas em 10 volumes com 100 sucessos em cada um.
2- O Melhor da Música Internacional - As mais belas músicas estrangeiras, temas de filmes, etc.
3- É Fácil Tocar por Cifras - método popular para cinco instrumentos, com belíssimo repertório, ensinando tudo o que você precisa saber sobre Cifras!
4- 120 Músicas Favoritas para Piano - com as mais lindas Músicas Clássicas Favoritas Facilitadas, em 3 volumes. Obra muito importante e de enorme sucesso!
5- O Tesouro do Pequeno Pianista - com Músicas Clássicas e Folclóricas Facilitadas.
6- Método de Órgão Eletrônico - obra de grande valor, muito usada pelos tecladistas. São dois livros num só: 1ª Parte com Curso Básico (fácil) apresentando lindas músicas para principiantes e 2ª Parte para os mais avançados.

Atenção

Todas estas músicas são para Piano, isto é, nas Claves de Sol e de Fá, mas você deve esquecer completamente a Clave de Fá. Olhe somente para a Clave de Sol (mão direita) e para as Cifras (mão esquerda), como são feitos os arranjos deste livro. A seu critério, use os recursos automáticos do seu Teclado.

Tenho certeza que você vai sentir-se realizado com este repertório!

É Fácil Tocar por Cifras!

Terminando o "Método Rápido para Tocar Teclado", não deixe de adquirir o método "É Fácil Tocar por Cifras". Esta é uma obra para Piano Popular, com belíssimo repertório, que é justamente o que você está precisando: mais músicas!

"É Fácil tocar por Cifras" foi escrito somente na Clave de Sol, sem a Clave de Fá. O acompanhamento foi apresentado por Tecladinhos e Gráficos de Percussão, mas você não deve olhar para nada disso. Só olhe para a Clave de Sol e toque as Cifras pelo Dicionário de Acordes Cifrados para Teclado que você já tem no seu Método Rápido para Tocar Teclado. Toque com a mão esquerda, os Acordes Parados como se fosse um livro para Teclado.

BIOGRAFIA DE MÁRIO MASCARENHAS

Mário Mascarenhas, nasceu em 21 de janeiro de 1917, signo de Aquário, em Cataguazes, Minas Gerais. Filho de pais músicos, cresceu num ambiente de música. Seu pai, Othon Gomes da Rocha, era exímio flautista e poeta e sua mãe, Isa Mascarenhas, pianista. Seus pais tiveram 16 filhos e Mascarenhas é um dos mais novos.

Com apenas 8 anos ganhou o primeiro prêmio de declamação no «Grêmio Olavo Bilac», em Juiz de Fora, Minas Gerais, declamando a belíssima poesia de Guerra Junqueiro, «FIEL», a estória de um cão e seu dono, um pintor.

Era sempre escolhido nas escolas para representar pequenas peças teatrais, para tocar ou recitar. Tocava piano, acordeon e violino desde pequenino, muito incentivado por seus pais, que foram os maiores fãs e admiradores de seu talento. Mascarenhas foi filho muito extremoso e seguia rigorosamente os conselhos de seu pai. Segue abaixo, o princípio de uma poesia que seu pai fez para ele, intitulada,

MÁRIO, MEU FILHO

Alma augusta de artista num peito nobre,
Em que o brilho do caráter se descobre.
Seu belo e primoroso porte,
Revela ardor de homem forte.
Sonhas os sonhos de futuras glórias.
E a centelha que os anima te trará vitórias.
Deus que aos homens de vontade acode,
Por ti fará — pois que tudo pode.

Etc. (14-11-1940)

Dedicando-se à música com toda a alma e o coração, com 18 anos começou a viajar pelo Brasil, dando concertos e shows, vindo mais tarde a fundar 115 academias com seu nome, espalhadas pelo país. Apresentou, no Teatro Municipal do Rio de Janeiro, um concerto com 1.000 alunos de acordeon. No Maracananzinho, levou à cena a inesquecível peça «ARCO-ÍRIS DE SONS», com 1.200 acordeons e 200 bailarinas, lotando 3 domingos.

Casou-se com a linda e talentosa aluna Conchita Chmura Mascarenhas, com a qual teve 2 filhos: Eugênio e Mário Mascarenhas Júnior (Professor de violão).

Morou 5 anos nos Estados Unidos, onde diplomou-se em música. É diplomado também em acordeon na França, Alemanha e Argentina, onde viveu dois anos.

Fala fluentemente 4 idiomas: Português, Francês, Espanhol e Inglês. Seu maior «hobby» é viajar. Já conhece o mundo inteiro e descreve com muita alegria suas maravilhosas viagens pela Scandinavia, Egito, Índia, Rússia, Japão, China, etc.

Em Varsóvia, Polônia, tirou fotografias junto à uma redoma de vidro, onde se encontra embalsamado, o coração de Chopin, na Igreja Santa Cruz; na Rússia visitou a casa de Tschaikowisky; na Alemanha visitou a casa de Beethoven; na Checoslovaquia, a casa onde nasceu Dvorak; na Finlândia, a bela estátua de Sibélius, cercada por uma grade de bronze, em forma de duas pautas musicais, onde está escrito uma das composições desse autor.

Foi protagonista principal do filme de Humberto Mauro «O Canto da Saudade», que ganhou o prêmio «Saci» em S. Paulo, interpretando o sanfoneiro Galdino, que apaixonou-se pela filha de seu patrão, um fazendeiro.

Foi contratado pela U.S.O. The American Army, para dar espetáculos com suas lindas alunas pelas Bases Navais Americanas em todo o Brasil, como Fernando Noronha, Território do Amapá, etc.

Em todos os espetáculos, Mário Mascarenhas, finalizava interpretando ao seu acordeon a «Protofonia de IL GUARANY», de Carlos Gomes, onde sempre era aplaudido de Pé.

CURRÍCULO

Em junho de 1965, recebeu o título de Professor Catedrático de Acordeon do Conservatório Brasileiro de Música, pelo Ministério de Educação (Documenta 13) pelo seu notório saber; diplomado em Teoria e Solfejo e Morfologia pelo Serviço Musical da Prefeitura (S.E.M.A.); estudou Teoria e Solfejo e Harmonia com o Prof. Paulo Silva; fez o Curso Livre de piano com a exímia e competente Professora Belmira Cardoso; Membro Consultivo da Ordem dos Músicos do Brasil; Membro de «The Accordionist's Association»; Medalha de Prata e Ouro de Bons Serviços Prestados à Cruz Vermelha Brasileira; Diploma de Honra ao Mérito da Associação dos Ex-Combatentes do Brasil; Diploma de Honra ao Mérito do Governador do Amapá; Placa de Prata de Honra ao Mérito da Embaixada Brasileira de Montevidéo; Chave da Cidade, Faixa e Medalha de Cidadão Carioca; artista da R.C.A. Victor, com inúmeras gravações.

OBRAS DIDÁTICAS

O Professor Mário Mascarenhas é autor de 108 obras, todas já consagradas e de grande sucesso, para diversos instrumentos: Piano, Violão, Órgão Eletrônico, Flauta Doce, Acordeon e Teoria Musical e Solfejo. Segue abaixo, algumas de suas obras:

«Duas Mãozinhas no Teclado»; «O Mágico dos Sons»; «120 Músicas Favoritas para Piano», (3 volumes); «Curso de Piano (3 volumes); «O Tesouro do Pequeno Pianista», «Os Smurfs no Teclado»; «O Piano do Bebê»; «Curso Completo de Teoria e Solfejo», com a Professora Belmira Cardoso; «Minhas Primeiras Notas ao Violão» (2 volumes) com o Prof. Othon Gomes da Rocha; «Meu Violão, Meu Amigo», (2 volumes) com seu filho Mário Mascarenhas Júnior; «Método de Violão por Música» (3 volumes) com o Prof. Othon da Rocha Neves; «Iniciação ao Violão por Música» com o Prof. Norberto Macedo; «O Tesouro do Organista» com Ely Arcoverde; «Método de Acordeon» e 3.200 arranjos para acordeon; a linda Ópera Infantil «O Milagre das Rosas», em 2 atos orquestrada, contando a vida e os milagres de Santa Isabel; é digno de nota «O Sonho de um Professor de Piano» (uma grande inspiração de Mário Mascarenhas, ensinando como tocar Piano em sonho); «O Melhor da Música Popular Brasileira», (1.000 músicas em 10 volumes com 100 músicas cada um, alcançando grande sucesso no Brasil e no estrangeiro), e muitas outras, sendo impossível colocar todas nessa biografia, mas em qualquer um de seus livros se encontram as listas completas de todas as suas obras.

Os Editores

Irmãos Vitale.

Dados Internacionais de Catalogação na Publicação (CIP)
(Câmara Brasileira do Livro, SP, Brasil)

Mascarenhas, Mário
  Método rápido para tocar teclado de ouvido e por música, 1º volume / Mário Mascarenhas. -- São Paulo : Irmãos Vitale

1. Música - Estudo e ensino 2. Teclado - Música I. Título.

ISBN 85-85188-35-9
ISBN 978-85-85188-35-1

96-5454   CDD- 786.07

Indices para catálogo sistemático:

1. Teclado : Estudo e ensino : Música   786.07
2. Teclado : Método : Música   786.07